マーティン＝ルーサー＝キング
（1965年３月　アラバマ州セルマにて）

マーティン＝L＝キング

・人と思想

梶原　寿　著

104

CenturyBooks　清水書院

マーティン＝L＝キングの現代的意義——序にかえて

マーティン＝ルーサー＝キングがアメリカ史上、奴隷解放以来最大の社会変革をもたらした公民権運動(Civil Rights Movement)に参与したのは、一九五五年一二月一日のローザ＝パークス逮捕事件から一九六八年四月四日の彼自身の暗殺に至るわずか一二年四か月の期間であった。かつての奴隷の子孫であるM＝L＝キングがアメリカ社会に与えた思想的影響の深さと大きさは、まさに筆絶につくしがたいものがある。

国民祝日の制定

その意義が具体的に評価されて形をとったのが、一九八六年から実施されているM＝L＝キング記念国民祝日（Martin Luther King Holiday）であろう。これはキングの死の直後から各地の草の根運動として行われていた、彼の誕生日（一月一五日）を祝福する企画が、一九八三年に国会議決として実を結んだものである。すなわち、その年の八月二日に下院が三三八対九〇の圧倒的賛成多数で議決し、次いで上院が一〇月一九日に七八対二二の賛成多数で同一の議決をし、そして終始この法案に消極的態度を表明していたレーガン大統領が、最終的に一一月二日に署名して成立したものである。その結果一九八六年から一月の第三月曜日が、第一〇番目の連邦記念祝日（national holiday）

となったわけである。

個人名を冠した国民祝日の栄誉を与えられている他のアメリカ人は、初代大統領のジョージ＝ワシントンのみである、というしばしば行われる指摘も、キングが人口比率においてわずか一二パーセントを占めるにすぎないアメリカ黒人の代表であることを考える時に、改めてうなづける事柄である。しかも何百年にわたって黒人を社会の最底辺に位置づけてきたWASP(ワスプ)(White Anglo-Saxon Protestant)支配のこの国の歴史を考えるならば、この事柄の持つ歴史的意義はさらに大きいと言わなければならない。

支配体制による取り込み

だがここで私たちが一歩立ちどまって考えなければならない重要な問題がある。それは支配体制による取り込みの問題である。そのことはキングの誕生日が国民祝日に指定されたこと自体の中に、すでに含まれていると言ってもいいのかも知れない。「この栄誉とともに、真実のマーティン＝ルーサー＝キングに対する歪曲(わいきょく)も生まれる。すなわち、彼が彼の生涯と思想において主張した事柄の誤った提示である」(ジェイムズ＝H＝コーン)。

一九八六年の第一回M＝L＝キング国民祝日に際しては、レーガン大統領でさえも次のように言うことができたのである。

マーティン＝ルーサー＝キング博士の誕生日を国民祝日として祝うのは今年が初めてである。それは喜びと反省の時である。それが喜びであるというのは、キング博士がその短い生涯において、彼の説教と模範的行動と指導力によって私たちをアメリカ創立の理念に近づけたからである。……二三年前キング博士は、ワシントンのリンカーン記念堂近くに集まった二五万人の人々と、それをテレビで見守る何千万の人々に向かって語りかけた。そこで彼が掲げたアメリカの夢はちょうど輝かしい旗のようであった。……それゆえ、すべてのアメリカ市民は、一八年前にキング博士から手渡されたこの旗を掲げて前進し続けよう。

だが、この時レーガン大統領の念頭には、果たして人種主義と貧困と軍国主義の絡(から)み合った三つ組の巨悪に蝕(むしば)まれているアメリカ社会について、「この国はどこかで間違っている、絶望的に間違っている」ゆえに、「この国を正しく建て直すために、ひとたび転覆する」ことを企(くわだ)てていた晩年のキングの姿が想起されていたであろうか。恐らくそうではなくて、むしろすでに死んで地下に埋葬されている、無害な「アメリカの夢の演説家」、「非暴力主義者」キングの姿だけが念頭にあったのではないだろうか。

それゆえ私たちが今この時点において、M＝L＝キングの思想的意義をたどるにあたっては、デイヴィッド＝ガロウの以下のような視点がどうしても不可欠なのである。

一九六三年のあのすばらしい演説家、および一九五五年から六五年にかけて公共施設の人種隔離を撤廃し、南部の投票箱を黒人に開放した成功せる改革的指導者だけが、私たちが記念するマーティン＝ルーサー＝キングであってはならない。アメリカ人はキングのそれ以後の生とメッセージを想起する必要がある。そのメッセージは心安らかならしめるものであるよりは、挑戦的なものである。そして、それはマーティン＝ルーサー＝キングを、彼の成就しなかった政治的課題の今日的な深い意味と格闘することよりも、安全な神話的英雄に祭り上げることの対象としたがる人々にとっては、まことに面白からざる事柄である」(David J. Garrow, *"The King We Should Remember"*)。

この視点に立って、筆者は予めここでM＝L＝キングの思想的意義の特徴を以下の二点にしぼって指摘しておきたい。

キング思想の普遍性

まず第一の特徴は、キング思想の持つ普遍性への広がりである。周知のようにキングの生は、モンゴメリーからメンフィスに至るまで徹頭徹尾アメリカ、しかも貧しいアメリカに献げられた生であった。彼の取り組んだ問題もアメリカ固有の問題であった。だが、その思想はそういう特殊性に集中しつつ、同時に驚くべき仕方で人類普遍の問題へと展開していった思想であった。

既述したようにキングの公民権運動への参与は、一九五五年末から五六年末にかけて闘われたアラバマ州モンゴメリー市における人種隔離バス-ボイコット運動から始まったが、すでにこの運動の勝利を彼は決して「黒人の勝利」といった矮小(わいしょう)化された次元で捉えることをせず、あくまでも「目標は和解であり、あがない(救済)であり、すべての人が互いに平等な兄弟(姉妹)として生きる愛の共同体(beloved community)の創造である」として捉えていた。

そしてこの視点は参与の度合いが深まるにつれて、いよいよ深化していって、ついに晩年に彼がベトナム反戦の態度を公然化した時点では、「われわれの忠誠は人種、種族、階級、国家を越えねばならない」と宣言され、さらにアメリカにとって「敵」であるベトナムの民衆にまで愛の対象が広げられていったのである。まことにジェイムズ＝コーンの言うように、「キングのヴィジョンはすべての人間を抱擁する、真に国際的(普遍的)なものであった」のである。

筆者は近年相ついで発生しているわが国の有力政治家たちのアメリカ黒人に対する差別発言についても、この文脈の中でこそ批判的に捉えていかなければならないと考えている。一九八六年の中曽根元首相の「知的水準」発言、一九八八年の渡辺美智雄元自民党政調会長の「経済観念」発言に続いて発生した一九九〇年秋の梶山静六法相の、東京・新宿繁華街の外国人女性の増加状況についての「悪貨が良貨を駆逐(ちく)するというか、アメリカに黒が入って白が追い出されるというように、混住地になっている」との発言は、アメリカ下院の黒人議員連盟等の告発によって本人のみならず海部首相の陳謝まで招いた。しかし、この陳謝がその場限りの「陳謝」に終わらないためには、そもそも黒人議員連盟(Congressional Black Caucus)を生み出した原動力である公民権運動の精神的指導者M＝L＝キングの、以上のような思想的深みにまで踏み入った理解が必要であると思う。すなわち、これら政治家たちの差別発言の真の問題点は、血を流す闘いの中で深化していった、黒人たちの普遍的人間性への視点に対する侮辱にこそあるのである。

第二の宗教改革

次にキング思想の第二の特徴は、彼のキリスト教理解に関わるものであるが、第二の宗教改革的意義を有しているという点である。第一の宗教改革は言うまでもなく、一六世紀のドイツの改革者マルティン＝ルターの名と結びついた、信仰義認の教理に象徴される聖書真理への原点復帰をめざす信仰運動であった。ところがそのみずみずしい信仰理解が、たまたま新しい時代の到来を待望していた新興市民階級の精神的欲求に応答しうるものであったために、近代的自立精神の形成に絶大な寄与をなすものとなったのである。

ちょうど第一の宗教改革者マルティン＝ルターの第一義的関心が聖書真理の探求にあったように、第二の宗教改革者マーティン＝ルーサー＝キングの第一義的関心も黒人バプテスト教会の説教者として聖書真理を説き明かすことにあった。だが両者に共通していることは、ある一つの具体的事件を契機として歴史の大きなうねりに巻き込まれ、社会変動の担い手となったということである。

前者の場合は一五一七年一〇月三一日に、ローマ教皇レオ一〇世認可の贖宥状（いわゆる免罪符）

に抗議する九五か条の提題を自らヴィッテンベルク城教会の扉に掲げたことがそれにあたり、後者の場合は一九五五年一二月一日に、黒人女性ローザ＝パークスがアラバマ州モンゴメリー市の人種隔離バスに抗議して座席を立たなかった事件に関与して、大衆ボイコット運動の指導者となったことがそれにあたる。

さらに両者の対応は、聖書真理を絶対的基準として人間の作り上げた伝統・制度・慣習から切り離し、かつそれらを大胆に裁いていった点にも見出される。マルティン＝ルターは「聖書と伝統」を同等の比重で見る立場から、結局は「伝統」が優位に立ち、教皇を頂点とする階層制度(ヒエラルキー)までも容認していったローマ－カトリック教会の信仰理解を根底から批判した。一方、マーティン＝ルーサー＝キングは、奴隷制廃止後それに代わるものとして確立されたアメリカ南部の人種隔離制度(セグリゲイション)を「親しんだ(チエリッシド)慣習(カスタム)」として容認し、かつその上で「魂(スピリチュアル)の救い(サルヴェイション)」を説いてきたアメリカ－プロテスタンティズム(およびそれと同列の宗教)を、完膚(かんぷ)なきまでに批判した。

だが両者の間には明白な区別もまた存在する。すなわち、一六世紀の改革者が使徒パウロの「ローマ人への手紙」一章一七節の、「福音の中に啓示される神の義」に一面的に固着し、そのために人間的世界の正義の追求・展開に関してはある一定の限度内に留まらざるを得ず、ついに急進的改革運動とは袂(たもと)を分かち、対決せざるを得なかったのに対して、二〇世紀の改革者は自己の拠(よ)って立つ聖書的典拠を預言者アモスの「公道を水のように、正義をつきない川のように流れさせよ」(アモス書五・二四）に求めて、終始一貫人間的世界の正義の追求に献身し、ブラック-パワーのラディカリズムに対しても、それを生み出した温床である国家悪の根源の除去に迫って、ついに銃弾に倒れるという仕方で対応した。

いずれにせよ、M＝L＝キングはその公生涯において、自己の名の由来する一六世紀の改革者との結びつきを深く自覚していた。一九五四年に彼はモンゴメリーのデクスター-アヴェニュー-バプテスト教会の第二〇代牧師に就任したが、その就任式は一〇月三一日の宗教改革記念日に父M＝L＝キング＝シニアの司式によって行われているのである。このことはキングの伝記作家たちによって余り注目されていないが、筆者は彼の生と思想を理解する上できわめて重要な事柄であると考えている。M＝L＝キングはこの二〇世紀において、キリスト教の真理を世界史の中に最もダイナミックな仕方で結びつけ、かつそれをキリスト教という特定宗教の枠を越えた人類普遍の真理として提示することのできたまことに稀有な存在である。

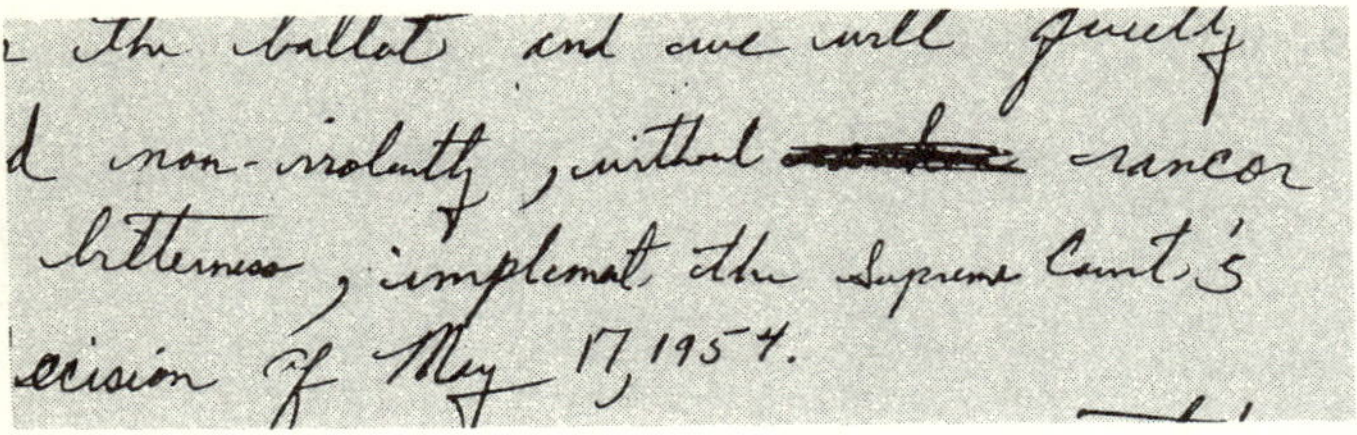
the ballot and we will quietly
d non-violently, without rancor
bitterness, implement the Supreme Court's
ecision of May 17, 1954.

目次

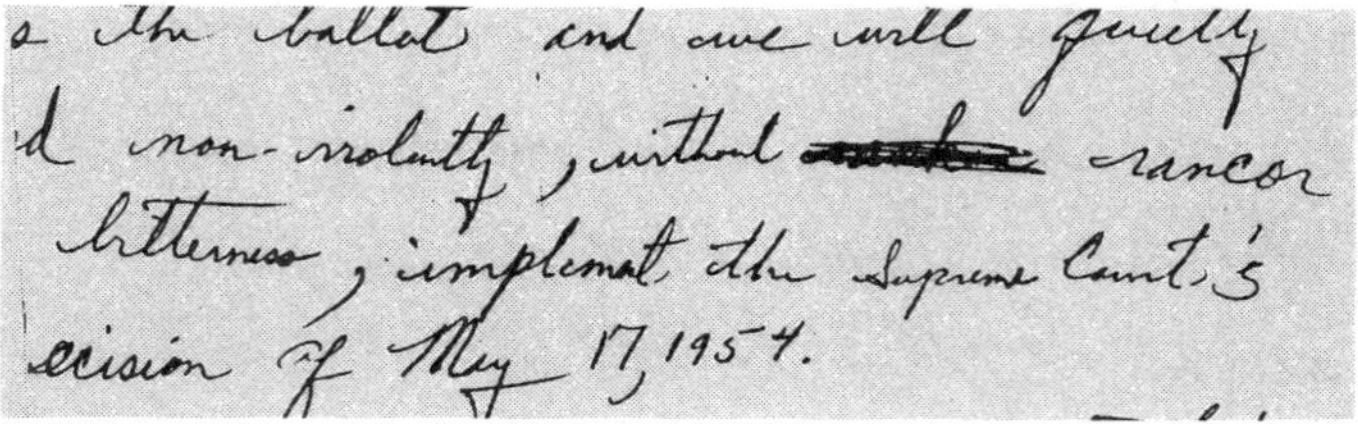
s the ballot and we will quietly
d non-violently, without rancor
bitterness, implement the Supreme Court's
ecision of May 17, 1954.

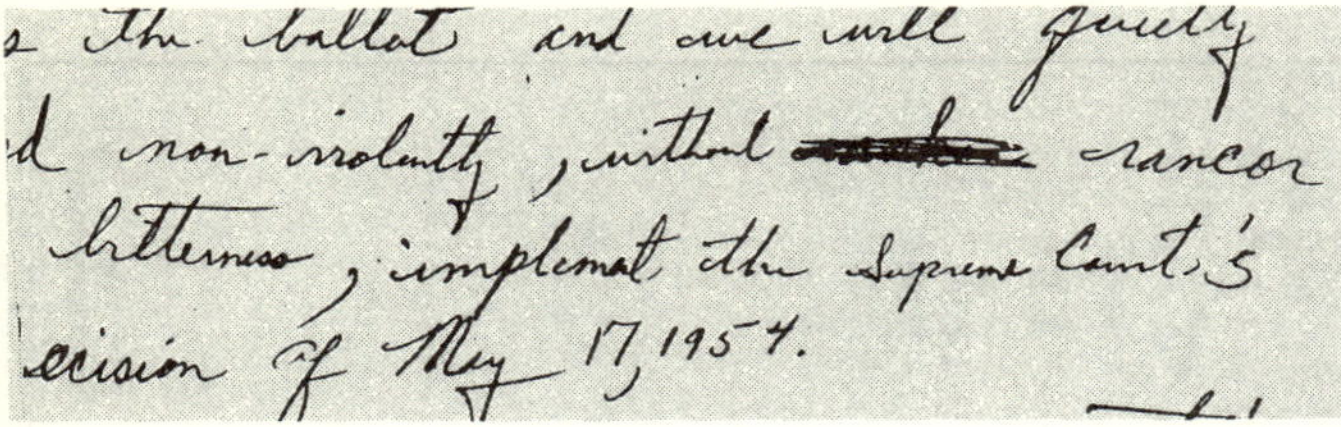

s the ballot and we will quietly
d non-violently, without rancor
bitterness, implement the Supreme Court's
ecision of May 17, 1954.

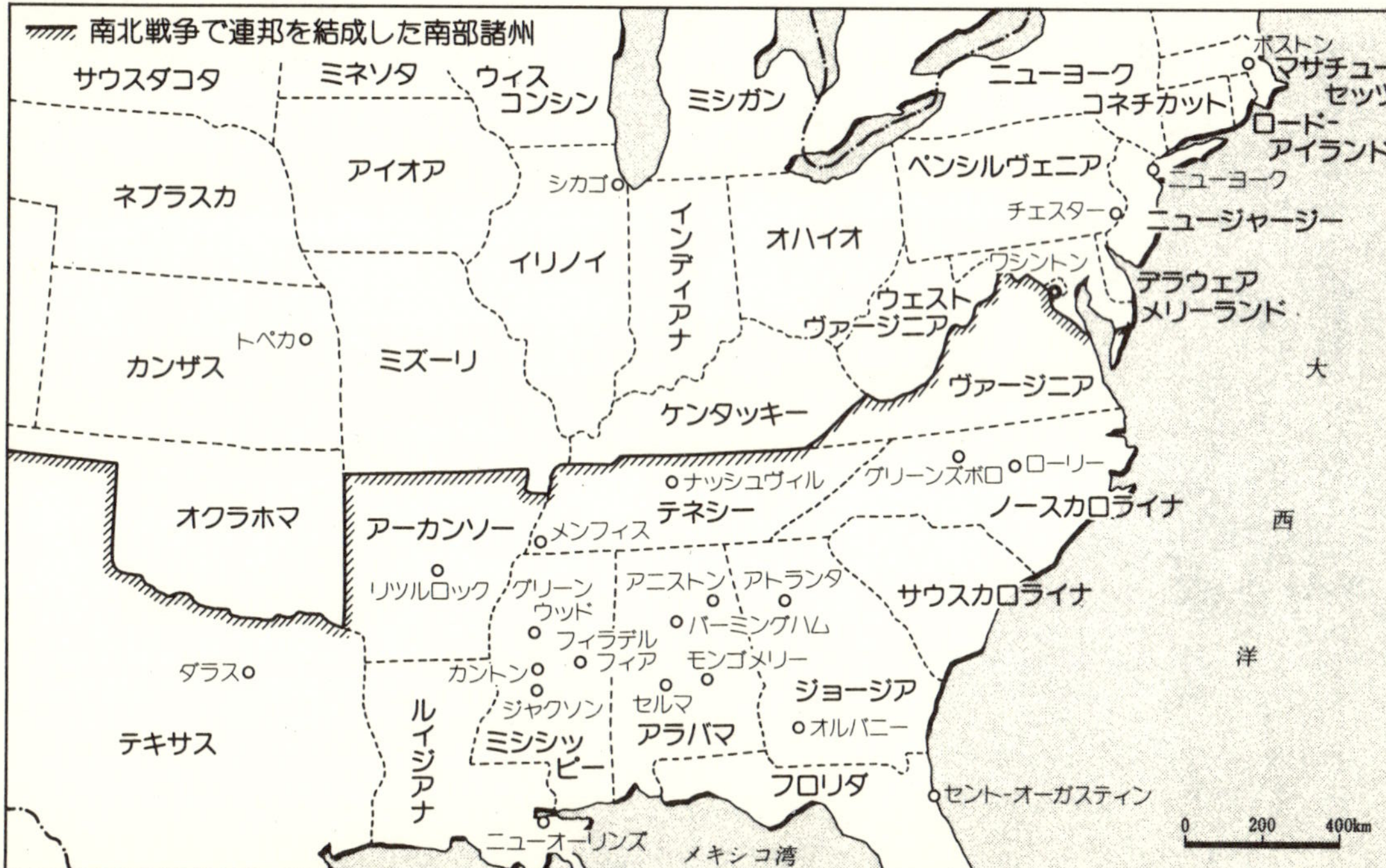
南北戦争で連邦を結成した南部諸州
サウスダコタ
ミネソタ
ウィス
コンシン
ミシガン
ニューヨーク
コネチカット
ボストン
マサチュー
セッツ
ロード-
アイランド
ネブラスカ
アイオア
シカゴ
ペンシルヴェニア
ニューヨーク
チェスター
ニュージャージー
イリノイ
インディアナ
オハイオ
ワシントン
デラウェア
メリーランド
ウェスト
ヴァージニア
カンザス
トペカ
ミズーリ
ヴァージニア
大
ケンタッキー
ナッシュヴィル
グリーンズボロ
ローリー
オクラホマ
アーカンソー
テネシー
ノースカロライナ
西
メンフィス
リツルロック
グリーン
ウッド
アニストン
アトランタ
サウスカロライナ
バーミングハム
フィラデル
フィア
ダラス
カントン
モンゴメリー
洋
ジャクソン
セルマ
ジョージア
テキサス
ルイジアナ
ミシシッピー
アラバマ
オルバニー
フロリダ
セント-オーガスティン
ニューオーリンズ
メキシコ湾
0
200
400km

キング関係地図

I　アトランタからボストンへ

少年時代

キングの誕生

マーティン＝L＝キング二世（Martin Luther King, Jr.）は、一九二九年一月一五日にジョージア州アトランタ、オーバーン街のエベネザー＝バプテスト教会の牧師館で呱々の声を上げた。彼の父マーティン＝ルーサー＝キング一世は、同じジョージア州ストックブリッジの貧しいシェアクロッパー（小作人）の息子として生まれ、一五歳で黒人バプテスト教会の説教者となったが、後にアトランタに出て鉄道の機関助手やトラック運転手等をしながら高校までの課程を修了した苦学力行の人であった。

一九二六年に彼はエベネザー＝バプテスト教会の牧師A＝D＝ウィリアムズの娘アルバータと結婚し、義父の死後エベネザー教会牧師の跡を継ぎ一九三一年から七五年までその職にあった。結婚の年の翌年長女ウィリー＝クリスティンが生まれ、さらにキング二世誕生の翌年に次男アルフレッド＝ダニエル（A・D）が生まれたが、彼がアトランタの名門モアハウス＝カレッジを卒業したのは、A・Dの誕生数週間前のことであった。一般の同級生たちとはすでに一〇年の隔りがあった。

M＝L＝キング二世は生まれた時、父と同じようにマイク＝キングと呼ばれたが、それが後にマ

キングの生家

ーティン＝ルーサー（M・L）と呼ばれるようになったのには、次のようなエピソードがあった。

　キング一世の自叙伝『ダディ＝キング』（*Daday King : An Autobiography*, William Morrow, 1980）によれば、彼は家庭を持ち三人の子供を持つようになってからもなおマイク＝キングと呼ばれ、長男の二世も同じように呼ばれていた。だが、彼の父は生涯にわたって自分が息子につけた名前はマーティン＝ルーサーであると言い続け、殊に一九三三年臨終の際には息子に元の名前に変えるように強く言い残した。この事態の背景には、当時の田舎の黒人の一般的慣習として、「私は出生証明書というものを持ったことがなかった」という事情も絡んでいたようである。

　父の死後キング一世は正式に法的な手続きをして、長男のリトル＝マイクとともにマーティン＝ルーサー＝キングを名乗ることになった。こうしてキング二世は家族の者からはM・Lと呼ばれるようになったが、彼の友人たちは後年に至るまで彼をマイクと呼び続けていた。

幼少時代のM・Lは、アトランタ黒人コミュニティの中心地「麗しき(スイート)オーバーン」街の成長し続ける大教会の牧師の子息として、大不況時代にも生活の貧窮を経験することもなく、教会と家庭そして友人たちにも恵まれて豊かな温かい環境の中で、やや早熟な子供として育った。姉のクリスティンが小学校に入学した時、M・Lも年を偽って入学したが、まもなくばれて一年間待たなければならないということがあった。

人種差別への目ざめと祖母の死

だが、このM・Lが六歳の時に彼の人生における最初の、そして終生にわたって心の傷となった、しかし黒人の子供なら一度はだれでも経験する事件が起こった。それは彼が小学校に入った直後のことであった。それまで彼には近所の食料雑貨店を営む白人の家庭に親しい遊び友だちがいた。ところが小学校入学とともに二人は別々の学校に行くことになった。

ある日のこと、その白人の友だちの家に遊びに行くと、彼はM・Lに父親からこれからは一緒に遊ばないように言われたと告げた。これはM・Lにとって大変な衝撃であった。後年彼はこの時の衝撃について次のように書いている。

　このことがどんなに大きな衝撃であったか、私は決して忘れることができない。私は即座に両親にこのようなことを言われた背後の動機について質問した。私たちは食卓に座ってそのことを話し合った。そしてここで初めて私は、人種問題の存在に目ざめた。それまではそのことを意識したことはなかった。

M・Lが再び人種隔離問題(segregation)に目ざめたのは高校生になってからである。その時彼はある南ジョージアの町で行われた黒人エルクス会(慈善団体)主催の弁論大会において、原稿なしで「黒人と憲法」について語り優秀な成績を収めた。ところが帰路白人のバス＝ドライバーから、同行の教師サラ＝ブラッドレイとともに白人乗客のために席を譲るように言われた。初め彼はその理不尽さに抵抗したが、ようやく教師の説得に従って席を譲り、アトランタまで立ったままで帰った。だが、二〇年経った後にもキングはこのことを忘れず、「あれは私の生涯で経験した最も腹立たしいことだった」と回想している。

M・Lの幼少時代を特徴づけるもう一つの事件は、一九四一年のある日曜日祖母のジェニー＝C＝ウィリアムズ夫人が急死した時のことである。一二歳になったM・Lはオーバーン街に遊びに出かけていたが、帰宅して祖母の死を知るやショックの余り取り乱して、家の二階の窓から下に飛び降りた。幸い怪我をしないですんだが、両親は彼の心を慰めるのに大変な苦労をした。

『ダディ＝キング』によれば、M・Lはこの時家で勉強をしているはずなのに、ひそかに抜け出してパレードを見に行っていた。それで彼は祖母の死はすっかり、彼がだれにも告げずに遊びに行ってしまったことに対する神の罰であると思い込んでしまった。「彼は数日間泣き続けて、夜も眠れなくなった」。そこでダディ＝キングは失意と懊悩（おうのう）の息子に、神は彼が宿題をせずにパレードを見に行ったことをそんなには怒りたもうておられないこと、また死はいくたび自分たちの家族や知人たちを襲っても、それに慣れ親しむことのできない人生の一部分であること、さらに神には独自の御計画があって、神がだれかをみもとに召したもう時には、その御計画を私たちが変えることはできないことを、懇々と諭（さと）した。

しかし以上のようないくつかの衝撃的体験があったとはいえ、M・Lはそのほかの点では仕合せで善良な少年として順調に成長し、ヨング－ストリート小学校、デイヴィッド－T－ハワード小学校からアトランタ大学付属実験高校を経てブッカー－T－ワシントン高校へと進んだ。そしてブッカー－T－ワシントン高校では第九年次と第一二年次を飛び級して、一五歳で高校を卒業した。だが全体としてM・Lは、普通の「のんきな」、オーバーン街の「どこにでもいそうな少年の一人」であるという印象を周囲の人に与えていた。

モアハウス時代

大学入学時のキング

一九四四年九月、M＝L＝キングは黒人の名門大学モアハウス‐カレッジに進学した。アトランタ‐ダウンタウンの西方に位置するこの大学は、黒人中産階級の子弟が通っていた男子大学であった。その当時の学長は黒人宗教に関する著名な学者ベンジャミン＝E＝メイズ博士で、キング一世はメイズ博士の特別なファンであった。

M・Lはオーバーン街の自宅から一マイルほどのところにある大学まで、毎日バスで通学した。彼は同じオーバーン街からの旧友たちのほかに、サウスカロライナ州出身の五歳年上のウォルター＝マッコールや二年先輩の歌手ロバート＝ウィリアムズ等の友人たちとすぐに親しくなった。

友人たちの目から見るとM・Lは、なお父親の強い権威の下にあり、パーティー等に参加する場合にも厳格なバプテスト育ちの者には眉をひそめさせるような楽しみ事には、思わず躊躇を示すようなところがあった。だが彼はまもなくそうした自己懐疑をも乗り越えて社交生活を楽しむようになり、いろいろな女友だちともデートした。親友のラリー＝ウィリアムズは後年、「M・Lはいろいろな女の子と親しくなったが、彼が真剣に交際した子はたいてい快活で、皮膚の色のきれいな子たちだった」と回想している。

高校を二回も飛び級して大学に進学したM・Lは、しかし大学の勉強を始めてみると、それまでの人種隔離制度の下での黒人学校の教育の質が相当低いものであることを痛感した。キングの一年次のアドバイザーであったメルヴィン＝ケネディー教授の評価は、彼の入学時の印象には特別なものはなく、「静かで内向的で、引っ込み思案、積極的に参加しようとしない傾向を持っていた」というものであった。

ただ彼の親友たちは彼をそんな風に内向的であるとは見ておらず、むしろ「ファンシーなスポーツ・コートを着て、縁幅の広いハットをかぶった」姿でキャンパスで目立った学生という記憶で受けとめていたが、たいていの人々の印象では、M・Lは静かで控え目な青年、いつも教室の後ろに座っていた「普通の学生」であった。だが、この彼が特別に強い印象を与えた二人の重要な人物がいた。それは宗教学教授のジョージ＝D＝ケルジーとメイズ学長であった。週日の授業は毎日三〇分間のチャペルで始められたが、毎週火曜日の講話を担当したメイズは、M・Lがいつも熱心にノートを取りながら聴き入っていた姿を覚えている。

変革のエネルギーとしての宗教の役割

大学生となったM・Lが突き当たった一つの大きな問題は、彼が幼少のころから育てられてきた宗教の問題であった。大学での学問を通して新しい

母校モアハウス-カレッジに建てられたキング像

科学的知識に触れた彼は、自分が今まで育てられてきた根本主義的（ファンダメンタリスティック）黒人宗教は、思想よりも感情、説教の質よりも量を強調しすぎるし、多くの牧師たちは教会が現代社会に果たす役割よりも、来世についてのみ語りすぎると感じるようになった。それで彼は最初の年には将来の社会への貢献の道として法律または医学の可能性を考えたが、二年次生の時には社会学を専攻して将来法律家として立つ道について考えるようになった。いずれにせよ二年次生のころの宗教観について、彼は後年「懐疑主義的状態」と述べている。

　モアハウス時代のキングの学問的業績は平凡であったとはいえ、注目すべき課外活動の一つに、アトランタの他の諸大学の白人学生たちとのいくつかのキャンパス間および人種間組織への参加がある。M・Lの心には少年時代に受けた人種的偏見の痛みがなお強く疼（うず）いていた。だがこれらの組織への参加によって、彼はすべての白人がそのような偏見に捕われているわけではないこと、また黒人の人間としての権利獲得の闘いにおいて白人の中にもある優しさを全面的に否定してしまうことは、自分自身もまた闘っている当の相手と同じものになってしまうこと、それゆえ自分がだれと、また何と闘うにしても、道徳的に振舞わねばならないことを学んだ。

ところで宗教の果たす社会的役割について懐疑主義的になっていたとはいえ、キングはアメリカの南部黒人の生活における教会の重要性については、十分に理解していた。彼はいろいろな意味で教会が白人支配の世界に生きる黒人にとって心の避難場所になっていること、また教会が黒人に地上における苦難に耐える力を与えていることを、よく理解していた。問題は彼が幼少のころから見てきた黒人たちの深い宗教性と、社会生活における変革のエネルギーとしての宗教の果たす役割との調和である。

この点でジョージ＝ケルジー教授とベンジャミン＝メイズ学長の与えた示唆（しさ）は絶大なものであった。二人ともキリスト教を魂の救済と、社会的妥当性の両面に相関するダイナミックな宗教として理解しており、キングは彼らを通して、牧師職（ミニストリー）は単に心情を鼓舞するための職務であるだけでなく、知的にも十分意味のある職業であると考えるようになった。また、彼は説教壇は彼の同胞に接触する直接的ルートであるとも考えるようになつた。黒人南部バプテスト教会の説教者の指導力は強力であった。人はここ以外の場所で、聴衆が指導者の導くところに心から喜んで従ってくる場所を、他に見出すことはほとんど不可能であった。

息子たちを牧師職にと望んでいた父親の意に反して、「牧師にはならない」と断言していたキングの心に、次第に牧師職への関心が高まり始めていたころ、ひと夏彼は数人の友人たちとともに金銭収入を得るために、コネティカット州の農園にタバコ摘みの仕事をしに出かけた。これはキングにとって、長時間家を離れて北部へ旅する最初の機会であった。この旅の途上友人たちは彼を祈りのリーダーに選んだが、彼は彼らが積極的に自分の言うことに応答してくれる姿を見て感動した。

牧師職への献身の決心

ついに一九四七年の夏の初め、法律家となる道を捨てて牧師職に献身することを決意したM・Lは、このことを両親に告げ、父親の指示に従ってエベネザー教会で試験（トライアル）説教（サーモン）を行い、同教会執事会から説教者（プリーチャー）の免許（ライセンス）を得た。次いで翌一九四八年二月二五日に、メイズ学長およびサムエル＝ウィリアムズ、ルーシャス＝トビン両モアハウス教授立ち合いの下に、彼はダディ＝キングの司式によって同教会において聖職按手礼（オーディネイション）を受けた。

生涯の天職（コーリング）を牧師職に選んだキングは、モアハウス卒業後は神学の学位取得のためにペンシルヴァニア州チェスターにあるクローザー神学校（セミナリー）に進学することを望んだ。だが、モアハウス-カレッジにおけるキングの学業成績は、余り際（きわ）立ったものではなかった。メイズ学長はクローザーへの推薦書に、「善良な心」の持ち主であるが、成績は「実質B」と書いているし、B＝R＝ブラジール学生部長は、キングの成績は学課成績総平均（GPA）二・四八、Cプラス平均と書いている。またケルジー教授は、キングの成績は「優（グッド）」とは言いがたいが、彼は「学問の価値をカレッジ生活の晩年に自覚した学生の一人であり、彼の能力はモアハウスの成績を越え出ている」ので、「真剣な考慮」を願いたいと述べている。

キング自身この数年後に彼の献身の動機について書き残しているが、それは以下の通りである。

私は高校生活の終わりごろから牧師になろうという衝動を感じていたが、いろいろな疑いが重なってその衝動が封じ込められてしまっていた。今やそれが再び避けることのできない衝動として現れたのである。私の牧師職への召命は奇跡的ないし超自然的なあるものではなく、人類に仕えよと私を召し出す内的衝動である。私は私が牧師職を選んだことに、私の父の影響も大いに関係していると思う。それは彼が私に牧師になるように勧めたということではなく、彼への私の尊敬心が大きな動因になったという意味である。彼は私が心配せずについていける気高い模範を提示してくれたのである。

クローザー時代

神学校入学と二つのピストル事件

一九四八年の六月にモアハウス-カレッジを卒業したキングは、その数か月後アトランタを立って、ペンシルヴァニアのチェスターに向かった。クローザー神学校（Crozer Theological Seminary）は学生数一〇〇人以下の小さい神学校であった。キングはそこの学生寮に住んで勉学を始めた。

クローザーでのキングはモアハウス時代とは一変して、親友のウォルター＝マッコールが「劇的な変化」と呼んだほど熱心に読書と勉学に専念した。一年次生の間こそいくつかのC成績を取ったものの、二年次生ではB以上、そして三年次生の時には全A（ストレート）の成績を収めた。

彼は勉学に没頭するだけではなく、友人をも多くつくり、遊び事にも気軽に参加して、マッコールとはよくボーリングを楽しんだりした。だがクローザー時代のキングの精神生活に絶大な影響を与えたのは、キャンパスから二マイルほどのところに住んでいたJ＝パイアス＝バーブア牧師の存在であった。バーブア牧師はキング家の親友で、自らもモアハウスおよびクローザーの出身であった。キングはこのバーブア家をしょっちゅう訪問しては料理を御馳走になったり、政治や人種問題について議論をする機会を持った。バーブア牧師はクローザーの黒人学生たちにとってまさに「父親」のような役割を果たしたが、キングにとっても神学校で受ける以上の豊かな知的影響を与えられる存在であった。

ところでキングはクローザー時代に二回ほど険悪なピストル事件に巻き込まれている。一度はある時寮生活の中で、一人の南部出身の白人学生が自分の部屋にいたずらをされたことに怒り、それをキングのせいにして、いきなり手にピストルを持ってキングの部屋に飛び込み、キングを脅迫した。幸いそこに居合わせたマーカス＝ウッドという年輩の黒人学生が、その白人学生を宥めて部屋に連れもどしたからよかったが、キングも恐怖におののいた。

だがキングはこの白人学生を告発しなかった。しかしこの成熟した情緒的対応は、キングのすぐれた学業成績とも連動して、その次の学生自治会長選挙に彼が選ばれる要因となった。

もう一度はキングが友人のマッコールとともに、クローザーの一年次の終わりごろそれぞれのガールフレンドと一緒に、近隣のニュージャージー州に出かけたときのことであるが、彼らはメイプルーシェイドという町のあるレストランに立ち寄って食事をしようとした。ところがそのレストランの白人の経営者は、四人に食事を出すことを拒絶した。そこで彼らは座ったまま待つことにした。するとその経営者は怒ってピストルを抜き、彼らを脅した。そしてしまいには外に飛び出してピストルを空に向けて撃った。仕方なく四人はそこを立ち去ることにしたが、マッコールは一人の警官を捜し出してきて四人で再び店にもどった。そしてその事件を目撃していた他の三人の白人学生に証人になってくれるように頼んだ。彼らは当初証人になることに同意したが、やがて親たちの圧力がかかってその同意を取り下げてしまった。これはキングが北部で体験した人種差別の一つであった。

失恋の傷跡

クローザー時代はまたキングに失恋の傷跡をも残した。この時代にキングは、母親がクローザー神学校で働いているドイツ系の白人の娘とステディなデートを重ねるようになっていた。キングの友人たちは二人の関係が非常に真剣なものであることを知っており、キングたちも結婚の問題を考えるほどに深く愛し合っていた。だが、バーブア牧師はもしキングが南部に帰って牧師になろうと思っているなら、人種間結婚(インターレイシャル・マリエッジ)は両者に極めて深刻な問題を作り出すことを説いて反対し、再考を促した。キングの親友たちもバーブア牧師の考えを支持した。その結果、二人は彼らの忠告を受け入れて六か月続いたその関係を解消した。これはキングの心に癒(いや)しがたい傷跡を残した。

キングの学問的探求心が最高頂に達したのはクローザーの最終学年(一九五〇―一九五一)であった。キングが一番心を引きつけられたのは、キリスト教神学の教授ジョージ＝ワシントン＝デイヴィス博士であったが、同教授は一九五〇年一二月の成績評価にキングについて次のように書いている。

(一)　稀有（けう）な知的能力を持ち、識別力旺盛（おうせい）。
(二)　風采（ふうさい）も非常によし。
(三)　演説と討論における印象良好。演説の声よし。
(四)　高潔なる性格。
(五)　すぐれた牧師または教師になる可能性あり。本人の希望は前者。

ラウシェンブッシュの社会的福音との出会い　キングはジョージ＝デイヴィス教授を通してウォルター＝ラウシェンブッシュ（Walter Rauschenbusch）の「社会的福音（ソーシャルゴスペル）」の教説を知り、深い感銘を受けた。ラウシェンブッシュは一九世紀末から二〇世紀初頭にかけてニューヨーク市において、社会改革運動とキリスト教の福音とを結びつけて伝道と神学教育に従事したバプテスト教会の牧師である。彼の主張の中心は、宗教は社会の現実問題に妥当性を持っていなければならず、教会はその問題に行動的に参与すべきであるという点にあった。

後年キングは、ラウシェンブッシュについて以下のように記している。

だが、私が社会悪を除去する方法について真剣に探求するようになったのは、一九四八年にクローザー神学校に入ってからだった。私の主要な関心は神学と哲学の領域にあったが、私は偉大なる社会哲学者たちの著作を、多くの時間を使って読み耽った。私は早い時期にウォルター＝ラウシェンブッシュの『キリスト教と社会的危機』を読んだが、それは私の少年時代の体験の結果、すでに早くから育まれていた私の社会的関心に神学的基礎を備えてくれることによって、私の思考に消しがたい刻印を押しつけた。もちろんいろいろな点で私はラウシェンブッシュと意見を異にしていた。私は彼が人間性についての皮相な楽観主義に導く、一九世紀的「必然的進歩の信仰」に陥っているように感じた。さらに彼は危険にも神の国を、ある特定の社会的、経済的体制と同一視する傾向に陥っているように思われた。これは決して教会が陥ってはならない傾向である。

しかしながら、これらの欠点にもかかわらず、ラウシェンブッシュは福音は人間全体に関わるものである、すなわち、人間の魂に関わるだけでなく、人間の身体にも関わり、人間の精神的福祉に関わるだけでなく物質的福祉にも関わるものであると主張することによって、キリスト教会に偉大なる奉仕をなしたのである。それゆえ、人間の魂に関心を持つと公言しながら、その魂を傷つける社会的、経済的条件に関心を持たないいかなる宗教も、ただ埋葬される日を待っているだけの霊的に瀕死の宗教であるというのが、ラウシェンブッシュを読んで以来の私の確信である。「個人とともに終わる宗教は滅びる」とは、いみじくも言われた言葉である（*Stride Toward Freedom : The Montgomery Story*, Harper & Row, 1958）。

以上の記述の中でキングも指摘しているように、ラウシェンブッシュの問題点は社会的進歩と人間の完全への到達可能性に対する楽観主義（オプティミズム）にあるが、この時期のキングはラウシェンブッシュの社会的行動主義への魅力に引かれて、その楽観主義をも全面的に受け入れていた。それはキングの恵まれた幼少期の家庭環境とも関係があり、キングには悲観主義（ペシミズム）よりも楽観主義に傾く傾向、また「宇宙を基本的に友好的に」考える傾向があった。

ラインホールド＝ニーバー思想との出会い　だが、このようなキングの楽観主義的傾向に歯止めをかけ、再考を促したのは、まだ若年の講師ケネス＝L＝スミスを通して出会ったラインホールド＝ニーバー（Reinhold Niebuhr）の著作であった。ニーバーは、ラウシェンブッシュのキリスト教的愛の力が単純に社会正義を前進させるという主張は、見当違いでナイーブな考えであると批判していた。それは人間の自己関心（セルフコンサーン）の執拗（しつよう）な力を正しく理解していない。ニーバーはその著『道徳的人間と非道徳的社会』（*Moral Man and Immoral Society*）において、社会正義に対する主要な障害は人間の利己心であり、社会改良を妨げる最も執拗な勢力は特権集団の人間であると強調した。

したがってニーバーによれば、「社会における力の不均衡こそが社会的不正義の真の原因であり」、「集団間の関係はそれゆえ、倫理的であるよりはすぐれて政治的でなければならない」。ところが社会的福音の思想は、近代社会の抱えるこの痛ましい真実に目を閉ざしているのである。

ニーバーのこのような主張とスミスの友情に満ちた刺激とは、キングをラウシェンブッシュやその他の福音主義的自由主義（evangelical liberalism）から引き離すことになった。このことについてキングは後に『自由への大いなる歩み』の中で、以下のように述べている。

ニーバーの哲学には多くの不満な点もあったが、いくつかの点で彼は私の思想に積極的な影響を与えた。現代神学に対するニーバーの偉大なる貢献は、プロテスタント自由主義神学の大部分の特徴をなしている誤れる楽観主義に対して、彼が論駁（ろんばく）を加えたことである。……その上、ニーバーには人間性、殊に国家や社会集団の行動に対する特別な洞察がある。彼は人間の行動の動機や、道徳と力の関係に見られる複雑さを鋭く意識している。彼の神学は人間存在のあらゆる平面における罪の現実を絶えず想起させてくれる。ニーバーの思想におけるこれらの要素は、私が人間性についての皮相な楽観主義の幻想と、誤れる理想主義の持つ危険性を認識するのを、助けてくれた。

私は今も依然として人間の善に対する潜在的可能性を信じてはいるが、ニーバーは私に人間の悪への潜在可能性も存在することを理解させてくれた。それのみでなく、ニーバーは私が人間の社会的関与の複雑さと、目くるめくばかりの集団悪の現実を認識するのを、助けてくれたのである。

資本主義への疑問

それではより大きな社会正義を実現するためには、何を知ることが必要であろうか。この点で重要な一つの分野は経済であるが、この時期のキングはますます利潤動機に依存する資本主義に敵対的な感情を抱くようになっていた。デイヴィッド＝ガロウによれば、キングはスミスのクラスにおいてR＝H＝トーニーの、プロテスタント倫理が近代資本主義の栄利欲の解放に資したことを主張した『宗教と資本主義の勃興』を積極的に評価するレポートを提出しているし、また別のレポートでは「私の現在の反資本主義的感情」について述べている。

またバーブアはこの時期のキングが、「資本主義体制は搾取(さくしゅ)と偏見と貧困に基づいており、われわれは新しい社会秩序を確立するまでは、それらの問題を解決することができないだろうと考えていた」こと、また「マルクスは資本主義の経済的側面を正しく分析していたと信じていた」ことを指摘している。

ここで私たちは再びキングが後年自己の「非暴力への遍歴」(Pilgrimage to Nonviolence) につい

て述べている『自由への大いなる歩み』の叙述に目を転じてみることにしよう。

しかしながら、彼の分析にはいくつかの欠点があったにもかかわらず、マルクスはある問いを提起していた。私は一〇代の初めから、あり余る富と目もあてられない貧困との間の深淵の問題に、深く心を捕えられていたが、私はマルクスを読むことによって、いっそうこの深淵を意識するようになった。現代のアメリカ資本主義は社会改革によって、この溝(みぞ)を大いに埋めてきたとはいえ、さらによき富の分配の必要性はなお残っている。

その上、マルクスは経済体制の唯一の基礎に利潤追求の動機を置くことの危険性を暴露(ばくろ)していた。すなわち、資本主義は常に、人々を人生をいかによく生きるか(making a life)と考えることよりも、いかに多く金儲(もう)けをするか(making a living)を考えることへと駆り立てる危険性を持っているのである。われわれは人類に対していかなる奉仕をし、またいかなる関係を持ったかということよりも、われわれのサラリーの額や所有する自動車の台数によって、成功(サクセス)の度合いを計る傾向がある。このように資本主義は実際的物質主義(マテイリアリズム)に陥る危険性があるのである。これは共産主義(コミュニズム)が教える唯物論(マテイリアズム)と同じくらい有害なものである。

これはマルキシズムに対して異常なまでの反対感情を抱いていた当時のアメリカ社会の状況を考

えると、きわめて大胆な発言である。それとともに私たちは、一九八九年秋のベルリンの壁の崩壊に象徴される共産主義東欧社会のイデオロギー的崩壊と、逆に同じ比重で迫られている西側資本主義社会の自己変革の必要性の狭間にあって、私たちの未来社会を展望する時に、これに続く以下のようなキングの叙述には、改めて目を開かせられるものがある。

私はマルクスを読むことによってまた、真理はマルキシズムにも伝統的資本主義にもないことを、確信するようになった。それぞれの思想はただ部分的真理を表しているだけである。歴史的に見て、資本主義は集団的企ての中にある真理を見ることをしなかったし、マルキシズムは個人的企ての中にある真理を見ることをしなかった。一九世紀的資本主義は、人生が社会的なものであることを見失った。そしてマルキシズムは人生が個人的で人格的なものであることを見失ったし、今もなお見失っている。神の国（Kingdom of God）は個人的企ての定立（thesis）でも、集団的企ての反定立（antithesis）でもなく、両方の真理を和解させる総合（synthesis）である。

ガンディー思想との出会い

最後に私たちはこの時期におけるキングのガンディー思想との触れ合いの問題に目を転じてみることにしよう。キングはすでに一九四九年の一一月に絶対平和主義者（パシフィスト）A＝J＝マストの課外講義に出席して、マストとの間に激しい議論を展開していたが、その数か月後のある日曜日の午後、わざわざフィラデルフィアまで出かけていって、インド旅行から帰ったばかりのハワード大学学長モーディケイ＝ジョンソン博士のマハトマ＝K＝ガンディーの非暴力的サティヤグラハ（真理の力）の闘いについての講演を聞いた。

この時の感想を、彼が後に書いた『自由への大いなる歩み』（一九五八年）は次のように描写している。

……彼の話は余りにも深淵で感動的だったので、私はその集会が終わったあと、ガンディーの生涯と働きに関する本を半ダースほども買い求めた。

……私はガンディーの哲学を探求していくうちに、愛の力に関する懐疑心が次第に消失し、社会変革の領域におけるその効力を初めて理解するようになった。ガンディーを読むまでは、私はイエスの倫理はただ個人的関係においてのみ有効であると、ほとんど結論づけていた。「ほかの頬をも向けよ」とか「汝の敵を愛せよ」という哲学は、個人が他の個人と争う場合にのみ妥当性があるものと、私は感じていた。そして人種的集団や国家が争う場合には、もっと現実主義的な方法が必要であるように思っていた。だが、ガンディーを読んでからは、私は自分がいかに決定的に間違っていたかに気がついた。

ガンディー

ガンディーは恐らくイエスの愛の倫理を、単なる個人間の相互作用から、強力で効果的な大規模な社会力にまで高めた史上最初の人である。……私が何か月もの間求めていた社会改革の方法を、私はガンディーの愛と非暴力を強調する思想の中に見出したのである。……私はこれこそが、自由への闘いにおいて抑圧された人人に開かれた唯一の道徳的、実践的に健全な方法であると感じるようになった。

この叙述では、キングはすでにクローザー神学校在学中にガンディー思想によって非暴力的抵抗の思想を固めていたように読み取れるのであるが、最近のキング研究では、キングの『自由への大いなる歩み』は一九五五年から五六年にかけて展開されたアラバマ州モンゴメリーにおけるバス-ボイコット事件の経過のあと、彼が白人社会に向かって精力的に語りかける必要性に迫られていたこと、黒人・白人間の暴力的緊張が極度に高まっている状況下で、徹底した非暴力を説かなければならなかったことの文脈への注目が、喚起されている。

そうした点を考慮に入れると、私たちはやはり次のようなデイヴィッド＝ガロウの叙述にも耳を傾けざるを得ないであろう。

……ジョンソンの講演はガンディーに対する新しい関心を呼び起こしたとはいえ、キングは絶対平和主義（パシフィズム）と非暴力について深刻な疑いを持っていた。一九五〇年の秋スミスとラウシェンブッシュとニーバーについて議論していた同じ時期に、キングはジョージ＝デイヴィスの宗教心理学のコースにおいて、ガンディーに関していろいろな本を広く読み漁（あさ）った。キングの疑いは彼がスミスに提出した論文の中にはっきりと言い表されている。……

　キングはガンディーがインドにおいて成功したことは、絶対平和主義の方法がどこにでも通用することを意味しないと、主張している。新しく学んだニーバーの考えを導入しながら、キングは絶対平和主義者たちが「人間の罪性の深さを認識していない」と、述べている。彼らは戦争と暴力の問題に焦点を当てていながら、それらが単に人間の罪性の徴候であることを評価していない。「人間はしばしば非常に罪深いものであるから、仲間を傷つけないように、ある強制力（コウアーション）を加えなければならない」と、キングは書いている。

　攻撃と不正義は抵抗しなければならないもので、抵抗者は「報復しようとしてはならないが、容認してはならないものである。不正義に直面した場合には、積極的姿勢を――受動的姿勢ではなく――取らなければならない。七年後に自分の思想の進化を振り返りながら、キングは「私は神学校にいた時に、われわれが人種隔離（セグリゲイション）の問題を解決することのできる唯一の道は、武装革命（アームド・リヴォルト）であると考えていた」と、述べている（David J.Garrow, *Bearing the Cross : Martin*

Luther King, Jr., and the Southern Christian Leadership Conference, William Morrow, 1986)。

博士課程進学への勧め

キングの際だった成績と精神的生活への集中は、彼の教授たちに博士課程での神学研究の継続を彼に勧めることを促した。彼らはキングのために絶賛した推薦状を書いた。たとえば、学生部長のチャールズ＝E＝バッテンは、キングを評して「クローザーで学んだ学生たちの中で最も聡明な学生の一人」、「分析的でかつ構成的な創造力に富んだ鋭い精神」の持ち主でありつつ、同時に「社会的行動に関心を持った真のリーダー」と述べている。

キングはイェール、エディンバラ、ボストン大学神学部のそれぞれから受け入れられたが、熟考の末ジョージ＝デイヴィス教授が高く推奨したエドガー＝S＝ブライトマン教授のいるボストン大学大学院を選んだ。そして彼は一九五一年に卒業生代表（ヴァレディクトリアン）の栄誉と、奨学金一、二〇〇ドルとを与えられて、クローザー神学校を卒業した。

ボストン時代

ボストン人格主義の魅力　M＝L＝キングが入学した当時のボストン大学神学部大学院（Boston University's School of Theology）の主要教授たち――エドガー＝S＝ブライトマン、L＝ハロルド＝デウルフ、ピーター＝A＝バートッチ等――の神学的立場は、「人格主義（パースナリズム）」と呼ばれていた。この人格主義はその名が示唆しているように、人間の人格――すなわちすべての個人的人格――は、世界における究極的な本質価値であることを、主張していた。キングがこの人格主義哲学に強く心を引かれた要因には、そこから導き出される次のような帰結があった。すなわち、もしすべての人間的人格の尊厳と価値が世界における究極的な価値であるとするならば、人種的隔離と差別は世界の究極的悪であるという帰結である。

この点に関してキングは『自由への大いなる歩み』では、以下のように述べている。

私はボストン大学では、エドガー＝S＝ブライトマンとL＝ハロルド＝デウルフのもとで哲学と神学を学んだ。両者とも私の思考に大いなる刺激を与えてくれた。私が人格主義哲学――

究極的現実の意味を理解する鍵は人格にあるとする理論――を学んだのは、主としてこれらの教授のもとである。この人格的観念論は今では私の基本的な哲学的立場になっている。人格――有限的および無限的――のみが究極的現実であるという人格主義の主張は、私に二つの確信を固めさせた。すなわち、それは私に人格神概念の形而上学的、哲学的根拠を与えてくれたとともに、すべての人間的人格の尊厳と価値の形而上学的根拠を与えてくれたのである。

ところでキングは、ボストンに行ってからもニーバーの提起した問題について考え続けていた。キングの楽観主義的（オプティミスティック）自由主義神学への嗜好（しこう）が、彼の幼少期の恵まれた家庭環境に関係があったとすれば、ニーバー的現実主義（リアリズム）への傾向もまた、彼の幼少期における癒（いや）しがたい人種差別の体験に深く関係していた。これら二つの神学的潮流の狭間（はざま）にあって、しかしキングは自由主義神学の中に人間の罪性の根深さに対する認識の欠落を認めるとともに、現実主義神学の中にも人間の罪性を強調しすぎる弱点を痛感していた。

ヘーゲル弁証法から学んだこと

そしてこれら二つのジレンマを統合する思考法への手がかりを、キングはブライトマン教授と、その急死の後を継いだP＝バートッチ教授のもとで学んだG＝W＝F＝ヘーゲルの哲学における弁証法的（ダイアレクティック）思考法に見出した。この点に関して『自由への大いなる歩み』は、以下のように記している。

ブライトマン博士が死なれる直前に、私は彼の下でヘーゲルの哲学を学び始めた。そのコースでは主としてヘーゲルの記念碑的著作である『精神現象学』を学んだが、私はそのほかの余暇の時間を利用して、彼の『歴史哲学』と『法哲学』をも読んだ。ヘーゲルの哲学には、私がどうしても同意できない点があった。たとえば、彼の絶対的観念論は多数者を一者の中に飲み込んでしまう傾向があるので、合理的に考えて不健全に思われた。

だが彼の思想には、私にとって刺激的と思われる点もあった。たとえば、「真理は全体である」という彼の主張は、私を合理的首尾一貫性という哲学的方法論に導いてくれた。また、彼の弁証法的過程についての分析は、私が成長は闘いを通してもたらされるということを理解するのを助けてくれた。

要するにキングは、ヘーゲルの世界観としての形而上学は拒否したが、彼の定立、反定立、総合の弁証法的発展理論には少なからず心を引かれたのである。そして、この発展理論を念頭におきながら、キングは一九五二年にニーバーの「倫理的二元論」について書いた論文の中で、両者を統合する試みを次のように述べている。

それゆえ、均衡の取れたキリスト者は愛の心を持つとともに現実主義的でなければならない。熱心に祈りながら自己超越する瞬間に信仰によって義とされる個人としては、彼は究極的忠誠をキリストに捧げる。だが、複雑な社会的諸関係の中にある個人としては、彼は現実主義的に心には心を、力には力を関わらせなければならない。

愛（ラブ）は他者の必要性を探求するが、正義（ジャスティス）は自由に他者の権利や特権を侵害しないように、制限を加える。正義は他者を犠牲にすることによって自己の不安を克服しようとする、諸個人の野心に対する（必要ならば力による）抑制（チェック）である。正義は集団的精神に対する愛のメッセージである。

女子学生コレッタ＝スコットとの結婚

ところでボストン時代のM＝L＝キングにとって、大きな出来事の一つはニューイングランド音学院の女子学生コレッタ＝スコットとの出会いであろう。大学院で学問的探求の最後の総仕上げをしていたキングは、社会生活の面でもその能力を遺憾なく発揮していた。しかしながら、ある時彼はアトランタ時代以来の旧友の一人で、当時ニューイングランド音学院で学んでいたメリー＝パウェル夫人に、自分がボストンで出会っている女性たちは南部で知っていた女性の比ではないと、胸中の気持ちを漏らした。

するとパウェル夫人は即座に、彼を同じ音楽院で学んでいるアラバマ州出身でオハイオーアンティオクーカレッジの卒業生、コレッタ＝スコットに紹介しようと申し出た。キングは彼女からコレッタの電話番号を聞き出すと、その晩のうちにすぐに彼女に電話してデートを申し入れた。この余りに突然な申し入れにコレッタは驚いたが、キングの単刀直入で、それでいて知的な軽口（ジャイブ）に心を動かされた彼女は、翌日昼食を一緒にすることを約束した。

コレッタは彼女が最初にキングに会った時に、背丈の低い、余り印象深くない容姿と感じながら、二言三言会話を交わすうちにすっかり別の印象に変わった様子を、彼女の著書の中で次のように書いている。

それは少し言い表しにくい感情であった。というのは私はたったその数分間のうちに、マーティンが背の低い人であることをすっかり忘れてしまい、最初の印象を完全に修正してしまっていたからである。彼は話し始めると急に大きく見えた。あんなに若かった時でさえ、彼は最初の瞬間から雄弁と誠意と道徳的身長によって、人を自分の側に引きつけていた。私はすぐに彼が特別な人であることを知った（Coretta Scott King, *My Life With Martin Luther King, Jr.*, Holt, Reinhart and Winston, 1969）。

コレッタとの交際の中で、キングはよく政治問題や人種問題について話した。彼女はマーティンが常に貧しい大衆の生活に関心を持っていて、一握りの少数の人間が富の大部分を所有していることを批判し、富のより公正な分配の必要性を強調していたことを、記憶している。コレッタはまた、マーティンが自分の父親についてさえ、「私の父は徹底した資本主義者だが、私はそんな風にはなれない。自分ではできるだけ多くの金を稼いでいながら、人々の窮乏を無視することを許すような社会は、間違っている」と断言したことをも覚えている。

コレッタ＝スコットの中に、自分の将来の伴侶に相応しいすべての資質を見出したキングは、交際の初めから彼女との結婚のことを考えていたが、父親のダディ＝キングはマーティンを故郷のアトランタの然るべき家庭の娘と結婚させたいと強く望んでいた。

そこでキングの両親は、一九五二年の暮ボストンを訪れて、マーティンに学校を止めてアトランタに戻るように説得した。だがマーティンは彼の母に自分はコレッタと結婚するつもりであることを告げた。ダディ＝キングは息子から直接何も告げられなかったが、二日後ボストンを去る直前に若い二人に、もしこれからもずっと交際するつもりならば、結婚した方がよいと伝えた。こうしてマーティンとコレッタは、一九五三年の六月にダディ＝キングの司式で、アラバマ州ペリー郡のコレッタの両親の家で結婚式を挙げた。

一九五三年の秋ボストンのノーサムプトン通りで新婚生活を始めたキングは、二一年間にわたる学校生活の最後の締め括りとして、哲学博士号（Ph.D.）取得のための学位論文の作成に取りかかった。キングが選んだテーマは、「パウル＝ティリッヒとヘンリー＝ネルソン＝ウィーマンの思惟における神観念の比較」であった。この論文においてキングは、ティリッヒの存在論的神観念も、ウィーマンの価値論的神観念も、ともに神性の一面のみを強調していて不適切である、必要なことは両者の総合であって、それに人格主義哲学の考えを加味したものこそ優れている、と論じている。ここにもヘーゲル弁証法の影響が見られる。だが、この宗教哲学的論文からは、私たちは残念ながら、後年の非暴力直接行動による公民権運動の指導者M＝L＝キングのイメージを、導き出すことはできない。

大学院修了後の職業選択

さてこのようにして大学院の課程を終えたキングは、いよいよ卒業後の仕事を決める時期を迎えた。デウルフはじめボストン大学のスタッフたちは、キングに大学の教師の道を勧めた。しかし彼の心は牧師職になることで固まっていた。ボストン時代の友人コーニッシュ＝ロジャーズは後に、キングが「自分は余りにも人々が好きなのだ。だから人々と一緒に働きたい」と言っていたことを、回想している。コレッタもまた、マーティンが求婚中に「私は南部に帰るつもりだ。私が南部に住みたいのは、そこでこそ私は必要とされているからだ」と言っていたことを、想起している。

マーティンのこの決心を知ったダディ＝キングは、早速彼にアトランタに帰ってエベネザー-バプテスト教会の共同牧師（コウパスター）になるように説得し、併せてベンジャミン＝E＝メイズ学長の協力をも取りつけて、モアハウス-カレッジの教師の地位をも提供させていた。だがマーティンはその申し出を断って、他の町での牧師職の地位を探すことにした。そんな折彼はアトランタのキング家の一友人から、アラバマ州モンゴメリーのデクスター街バプテスト教会（Dexter Avenue Baptist Church）が新任の牧師を探しているという話を聞いた。そしてその時たまたま仕事でアトランタに来ていた同教会の書記ロバート＝D＝ネスビットは、マーティンに会って深い感銘を受け、とにかくいかなる決心をするにしてもその前に一度デクスター教会を訪問して欲しいと、懇請した。

一九五四年一月のある日曜日、キングはその懇請を受け入れて、ボストンに帰る前にモンゴメリーを訪れ、デクスター教会で説教した。説教の題は彼の好きな「完全なる人生の三次元」であった。ダディ＝キングはデクスター教会には「お偉方の教会（ビッグショッツチャーチ）」の異名があり、執事の中には「牧師殺し（プリーチャーキラー）」のニックネームに相応（ふさわ）しい人もいるからと警告し、前任のヴァーノン＝ジョンズ牧師も同様の警告を発したが、キングは自分の人柄とともに説教を喜んでくれたデクスターの信徒たちに、非常に良い印象を抱いた。

ボストンに帰ったキングには、このほかにもニューヨーク、マサチューセッツ、ミシガンの各州の教会からも牧師就任の招聘（しょうへい）が寄せられていた。そして二月も押し詰まったころ、彼はデクスター教会から、満場一致で彼を牧師として招聘することに決まったので、二週間したらモンゴメリーに戻って詳細について話し合って欲しいという通知を受け取った。しかしキングはそれをさらに二週間延ばしてもらって熟考した。ダディ＝キングもコレッタ夫人もともにこの招聘に応じることに反対であった。

特にコレッタは少女時代をモンゴメリーから程遠くないアラバマ州マリオンで育った経験と、北部都市に留まって自分の声楽家としてのキャリアを伸ばしたいという欲求の両方から、北部を去って人種差別の激しい深南部（ディープサウス）に戻ることには賛成できなかった。だがマーティンはすでに心を決めていた。

彼の決心の動機には次のようなものがあった。まず第一に彼は南部に帰りたかった。第二に彼は父親から独立したかった。第三に彼は適当な大きさの都市の教会で働きたかった。そして最後に彼は自己の福音理解に根ざした知的説教を評価する教会で働きたかった。デクスター教会は決して大教会ではないが、これらの条件をすべて満たしているように思われた。

そしてこの決心を聞いたコレッタは、「それは自分たちの生にとってのより大きな計画の、もはや避けること

キングが牧師として
就任したデクスター教会

のできない部分であることを悟って」賛成した。

こうしてキングは四月初めにデクスター教会に赴き、役員たちと最終的な話を煮詰めて、九月から正式の牧会の仕事をすることにし、それまではボストンとモンゴメリーの間を飛行機で往復して、少なくとも月に一度は説教の奉仕をすることを決めた。以上の条件のもとでM＝L＝キングは一九五四年四月一四日に、デクスター教会牧師の招聘を正式に受け入れた。

II　万人の自由を求めて

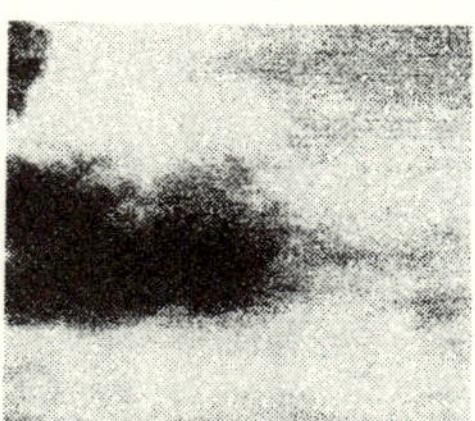

時は満ちた

一九五四年五月一七日最高裁判決　M＝L＝キングがデクスター＝アヴェニュー＝バプテスト教会の牧師就任を正式に受諾した後、最初に説教壇に立ったのは一九五四年五月のことであるが、その同じ月に現代アメリカ黒人史上画期的な出来事が起こった。それは公教育の場における人種隔離（セグリゲイション）を違憲とする五月一七日最高裁判決の出来事である。

それは正式には一九五四年「ブラウン対教育委員会事件」判決（Brown v. Board of Education, 1954）と呼ばれるものであるが、カンザス州トペカ市に住む黒人牧師レオン＝オリヴァー＝ブラウンが九歳になる娘リンダ＝ブラウンの、近所にある白人学校への入学を拒絶されて、二マイル先の黒人学校への通学を命じられた不合理な措置に抗議して、市教育委員会を相手どって起こした訴訟に対して、米国最高裁が下した判決である。

この判決の画期的意義は、当時南部諸州に敷かれていた人種隔離制度を支える根拠となっていた、一八九六年「プレッシー対ファーガソン事件」判決（Plessy v. Ferguson, 1896）の「分離はしても平等」（separate but equal）原理を否定したことにある。「プレッシー対ファーガソン事件」というのは、鉄道車輌の人種隔離をめぐる訴訟事件であったが、これに対して最高裁は同じ程度の設備を持った車輌であれば、分離をしても憲法修正第一四条にいう「法の下での平等なる保護」の規定に反しないという判定を下したのである。これは実質的に人種隔離制度を合憲と認定したものに外ならなかった。

だが、一九五四年「ブラウン対教育委員会事件」判決は、その基本的立脚点を今日における教育の重要性に置きながら、単に黒人学校と白人学校とを建物、教科内容その他の有形的要素において比較するという視点のみでなく、「分離そのものが公教育に与える効果を見なければならない」とする根本的視点から、「分離された教育施設は本質的に不平等である」と断定したのである。

もちろんこのような判決が出されたからといって、人種隔離教育が直ちに撤廃されるはずはなく、この一年後に出された「ブラウン第二判決」の「できるだけ慎重な速度で」(with all deliberate speed) は、実質的に直ちに「できるだけ遅い速度で」に読み変えられたし、また一九五六年には連邦議会において九〇人以上の南部出身議員による「南部宣言」(Southern Manifesto) が出されて、同判決が州権の侵害として非難され、「あらゆる合法的手段で」その実行を阻止するように奨励されてもいる。だが、それにもかかわらずこの判決が持った歴史的画期的意義は、これを否定することができない。

自由主義のリーダー
アメリカが抱える矛盾

ここで私たちは第二次世界大戦後ほぼ一〇年を経過したこの時期、アメリカが抱えていた一つの大きな矛盾に注目しておきたい。それは大戦に勝利することによって「自由主義世界」のリーダーの地位に伸しあがったアメリカが、国内に黒人に対する人種差別の問題を抱え、人種隔離の南部を容認していてよいかという問題であった。この問いをだれよりも敏感に受けとめていたのは北部の白人リベラル派やNAACP（全国有色人向上協会）の人々であった。一九五四年最高裁判決はいわばこのような人々の良心表明の結実であったとも言うことができる。

これに対して南部の保守派は強硬に白人と黒人の「人種混合」(race-mixing)と「雑種化」(mongrelization)を拒絶した。そしてその拒絶反応はまさに病的とも言えるほど異常なものであった。クークラックスークラン（KKK）と白人市民会議（White Citizens Council）がその先鋭的代弁者であった。黒人神学者のジェイムズ＝コーンは一九五五年八月二八日にミシシッピー州マニーで発生したエメット＝ティル虐殺事件を、一九五四年最高裁判決に対峙（たいじ）する事件として取り上げているが事態に即したものと言うことができる（*Martin & Malcolm & America : A Dream or a Nightmare*, Maryknoll, New York, 1991）。この事件はシカゴの一四歳になる少年ティルがミシシッピーの伯父を訪ねた際に、町のある店で白人の女性に「バーイ」と声をかけたことへの報復として、リンチ虐殺の上川に沈められたという悲惨な事件で、白人だけで構成されていた陪審員は全員が無罪を主張して、犯人は何の咎(とが)めも受けることはなかった。

だが、このような恐怖の人種隔離社会の土台にも、すでにさまざまな要因が複合的に作用して侵食作用が始まっていた。一つは前述した北部リベラル派による連邦主導のアクションの動きであり、二つめは黒人の側における中産階級の増大と教育の向上に伴う自立化への意識の深化である。たとえば、M＝L＝キングが赴任を承諾したモンゴメリーのデクスター―アヴェニュー―バプテスト教会は、経済的にもかなり恵まれた上・中産階級の知的信徒を会員とし、その中にはアラバマ州立大学のスタッフも含まれていた。

そしてこれらの要因に加えて、私たちは一九五〇年代後半から六〇年代前半にかけての旧ヨーロッパ植民地国の相次ぐ独立という国際的潮流にも目を向けなければならない。ジェイムズ＝コーンによれば、「マーティン＝ルーサー＝キングが一九五五―一九五六年のモンゴメリー―バス―ボイコット運動の指導者として国際的名声を博した時には、サハラ砂漠以南のどのアフリカ国もヨーロッパ植民体制からの政治的独立を達成してはいなかった。だが、彼が一二年後の一九六八年にテネシー州メンフィスで暗殺された時には、アフリカの大多数の国々は独立していた」(「マーティン＝ルーサー＝キングと第三世界」)のである。そしてこの独立への運動はアフリカにおいてのみならず、アジアとラテンアメリカにおいても展開されていた。したがって翌一九五五年末に発生するアラバマ州モンゴメリーのバス―ボイコット運動を嚆矢(こうし)として、以後一〇数年にわたって展開されることになるアメリカ南部を中心とする公民権運動は、以上のような世界史的動向の中に位置づけられる時、その本質を最も正しく理解することができると言えるのである。

宗教改革記念日に牧師就任式

さてマーティンとコレッタの夫婦は、コレッタが六月に音楽院を卒業し、マーティンが八月に大学院博士課程の総合試験にパスして、九月一日に予定通りにモンゴメリーに着任した。そしてマーティン＝キングが最初に着手した努力は、会員の多くが上層および中層の黒人で占められ、社会生活の焦点が教会よりもむしろアラバマ州立（黒人）大学に当てられていたデクスター教会の中に、牧師の権威を確立することであった。キングは「一九五四――五五会計年度デクスター教会への勧告書」において、率直に「牧師の権威は単に人間的次元で授与されたものではなく、神的次元で承認されたものである。……（教会の）指導力は決して会員席から説教壇へと上昇的に発揮されるべきものではなく、常に説教壇から会員席へと下降的に発揮されるべきものである」と明言し、新しい各種委員会のメンバーを自ら選任した。

さらに彼は執事や理事たちに対しても、牧師が問題を提示しないかぎり、いかなる問題をも取り上げないように命じた。また彼は新たに「社会・政治活動委員会」を発足させて、全教会員がNAACP（全国有色人向上協会）に積極的に協力し、選挙権登録をするように奨励した。そして彼自身がNAACPモンゴメリー支部に入会するとともに、人種際的（インターレイシャル）団体であるアラバマ人間関係（ヒューマン リレイションズ）

会議の集会にも出席するように努力した。

ここで私たちが特に注目しておきたいことは、キングがこの年の一〇月三一日に父キング＝シニアの司式の下に、デクスター教会の第二〇代牧師就任式を行っているという事実である。一〇月三一日はプロテスタント教会にとってはきわめて重要な日である宗教改革記念日である。この日は一六世紀の初頭にドイツの宗教改革者マルティン＝ルターが、贖宥(しょくゆう)状（いわゆる免罪符）に抗議してヴィッテンベルク城教会の扉に九五か条の提題を掲げた日（一五一七年一〇月三一日）である。いわばプロテスタント-キリスト者にとっての原点ないしルーツを記念する日である。

マーティン＝ルーサー＝キングが特にこの日を選んで自己の牧師就任式の日としたことの中には、彼の伝道と牧会への並々ならぬ決意と意気込みが感じられてならない。残念ながら数多く書かれているキングの伝記でこの点に触れているものはほとんどない。だが筆者はあえてこの点を指摘して、キングが自己の名前の由来する人物の果たした歴史的出来事の意義に目を向けたことに、注意を喚起しておきたい。それは彼がいくつかの他のよりよい条件の招聘(しょうへい)を断って、自己の社会的福音の方向性を持った説教を実践する場として、あえてデクスター教会を選んだ事柄とも、対応するように思われる。

したがって新任牧師キングの努力は、特に日曜日ごとの説教に集中した。その点について彼は『自由への大いなる歩み』の中で、次のように述べている。

説教への集中

> 初めのころ私は教会のすべての会員と知り合いになるためにも、多くの時間を費やした。そしてそのために彼らの家庭を訪問したり、教会のいろいろな補助的な集会にも出席した。ほとんど毎週私はこのようなグループ集会に五回から一〇回出席し、夕方の時間の大部分はこのような仕方で費やされた。だが私はまた日曜日の説教の準備のために最低週一五時間は費やした。たいてい私は火曜日に概要を書き始め、水曜日に必要な調査をし、また説教に実際的な内容を盛り込むための例証や生活状況について考えた。そして金曜日に説教を書き始めて、終わるのはたいてい土曜日の夜であった。

こうして準備した説教原稿をキングは完全に記憶して、説教壇に立った時には原稿やメモなしに語ったという。若いころキングの講壇助手を務め、その後も多年にわたってキング家の友人であり続けたジョン＝T＝ポーターは、このようにしてなされたキングの説教がいかに雄弁で挑戦的なものであったか、また就任後の一年がキングにとってまさに「最も偉大なる説教年」であったことを、回想している。一九五四年秋から五五年秋にかけての一年間、キングはほとんど毎日曜日にデクスター教会で説教し、NAACPモンゴメリー支部長に推薦された時にもそれを断ってひたすら牧会に専心した。そしてその間、一九五五年六月にはボストン大学から組織神学における博士号(Ph. D.)を授与され、一一月には長女ヨランダ＝ディナイズが生まれた。それはまさに嵐の前の静けさを保った一年であった。

ローザ＝パークス逮捕事件

パークス夫人、座席を立つのを拒絶　一九五五年一二月一日木曜日、モンゴメリー＝フェア＝デパートでの一日の労働を終えた四二歳になる裁縫師（スイームストレス）ローザ＝パークスは、疲れた体でクリーヴランド＝アヴェニュー＝ルートのバスに乗った。この日バスは混んでいて、前方白人用の指定席（一〇席）直後の一列だけに一つ空席があった。パークス夫人は右側通路寄りのその席に座った。窓側には黒人男性が、そして通路左側に二人の黒人女性が席を取っていた。三つ目のバス停に来た時に、何人かの乗客が乗り込んできたが、白人指定席は満席になって、一人の白人男性が立ったままになった。

そこでバス運転手のJ＝F＝ブレイクが、パークス夫人の列の四人に立って席を明けるように言った。前の指定席がいっぱいになって一人の白人が立つような場合には、指定席直後の一列四席を全部明けなければならないというのが、モンゴメリー市における人種隔離の慣習であった。それは黒人は白人と並んで座ってはならないという理由に基づいていた。

ブレイクの最初の指示にはだれも従わなかった。しかし再度彼が立つように命じると、パークス夫人を除いた三人は立って後方に移った。だがパークス夫人は立たずに、返って窓側の方に席を移した。ブレイクは、「こらっ女、俺はお前に席を譲れと言ったはずだ。立つつもりだろうな」と言った。この時はじめて彼女は口を開いた。「いいえ」。そこでブレイクは、「もしお前が立たなければ、俺はお前を逮捕させるぞ」と応答した。パークス夫人は、「お好きなようになさったらいいでしょう、私は動きませんから」と言った。

ブレイクはもうそれ以上何も言わず、バスを降りて警察に電話した。その間にある乗客たちは、事件に巻き込まれて面倒なことになるのを恐れて、バスを降り始めた。やがて二人の警官がやってきて、その中の一人が事の次第を尋問した。パークス夫人は彼に、「なぜあなた方は私たちを小突き回すのですか」と聞いたが、彼は「分らないが、法は法だからな。お前を逮捕する」と言うのみであった。こうして警官たちは、ブレイクが彼女をモンゴメリー市人種隔離条例で訴えることを確認した後、パークス夫人をまず警察本部に連れて行き、それから市刑務所に連れて行った。

パークス夫人逮捕のニュースは直ちに、元NAACP（全国有色人向上協会）モンゴメリー支部長で長年にわたる黒人活動家E＝D＝ニクソンや女性政治会議（WPC）議長のジョー＝アン＝ロビンソンに伝えられた。彼らは以前から人種隔離バスに対して怒りと抗議の意志を抱いていた。ニクソンは人種問題に理解のある数少ない白人弁護士クリフォード＝デュア夫妻とともに、パークス夫人の保釈手続きを済ましての帰途、レイモンド＝A＝パークス氏宅に立ち寄り、この問題への対応について相談した。ニクソンはこれこそはまさに自分たちが待っていた機会であり、今こそバス－ボイコット（乗車拒否）を断行し、併せて連邦最高裁判所に訴えるべきであることを説いた。これを聞いてパ－クス氏は、予想される白人の報復を極度に恐れたが、夫人は「もしそれが正しいとお考えなら、あなたのお考えに従いましょう」と、ニクソンの意見に従うことを決意した。

バス乗車を拒否しよう

その日の夜遅くジョー＝アン＝ロビンソンはニクソンに電話して意見交換した後、女性政治会議の同僚とともに事件を伝えるリーフレットを、アラバマ州立大学の謄写機を利用して一晩がかりで刷り上げ、翌朝彼女の教え子たちの手助けを得て市内のすべての黒人共同体に配布した。その文面は以下の通りであった。

またまたある黒人女性が、一人の白人を座らせるためにバスの座席を立たなかったという理由で逮捕され、投獄された。

黒人女性がこのような問題で逮捕されたのは、クローデット＝コルヴィン嬢事件以来二回目である。このようなことは止めさせなければならない。黒人にも権利はあるのだ。もし黒人がバスに乗らなければ、彼らは経営できなくなるのだ。乗客の四分の三は黒人である。それなのにわれわれは逮捕されたり、空席を前にして立っていなければならないのだ。われわれがこのような逮捕を止めさせるために何かをしなければ、彼らはいつまでも続けていくだろう。次はあなたやあなたの娘やあなたの母親であるかも知れない。

月曜日にこの女性の事件が取り上げられる。だから黒人はだれもこの逮捕と裁判に抗議して、月曜日にはバスに乗らないようにお願いしたい。月曜日には仕事に行くにも、町に行くにも、学校に行くにも、そのほかどこに行くにも、バスに乗らないで欲しい。

バス以外に出かける方法のない場合には、どうか一日だけ学校を休んで欲しい。

また、どうか一日だけ町に出かけないで欲しい。仕事に行く場合には、タクシーに乗るか歩いて欲しい。子供たちも大人たちも、どうか月曜日には絶対にバスに乗らないで欲しい。どうか月曜日にはバスに乗らないで欲しい。

一方、E＝D＝ニクソンは金曜日早朝に起きると、市内の黒人指導者たちに呼びかけることを考えた。その際彼は大衆によるバス‐ボイコットを成功させるためには、黒人大衆に絶大な指導力を発揮している黒人牧師たちの積極的支持がどうしても必要であることを念頭に置いて、まずバプテスト牧師同盟の幹事をしている第一バプテスト教会のラルフ＝D＝アバナシー牧師に電話した。アバナシーは直ちにニクソンの提案に賛成し、同時に親友のM＝L＝キングにも連絡して協力を要請するとともに、その夜の指導者会議の場所としてデクスター教会を開放してもらうように注告した。

アバナシー（左）とキング

だが、ニクソンからの電話で月曜日のバス－ボイコット運動への協力を要請された時、キングは躊躇（ちゅうちょ）した。彼はまだデクスター教会に着任してから一年しか経っていないし、新しく生まれた娘もまだ一か月足らずである。また数週間前にはNAACP支部長の話も断ったばかりである。そこで彼はニクソンに、「少し考えたいから、もう一度電話して欲しい」と答え、夜の集会に彼の教会を使うことは差し支えないと言った。その後ニクソンからキングの返事を聞いたアバナシーは、キングに電話してパークス逮捕事件が提供している機会の重要性を強調した。これに対してキングはボイコット運動そのものには異論はないし、教会の使用にも問題はない、ただ新しい運動の組織的役割だけは引き受けるわけにはいかないと答えた。

その夜ニクソンの呼びかけに応（こた）えて、七〇人ほどの黒人指導者たちがキングの教会に集まった。ところが、予めニクソンから推薦されていた宗派際（インターデイノーミネイショナル）牧師同盟議長のL＝ロイ＝ベネット牧師が司会をしたが、余りにも独断的な会議の運営にうんざりして多くの人々が帰ってしまい、結局後に残った二〇人ほどの人々で月曜日のバス－ボイコット運動を確認し、さらに同日の夜ホールトーストリートーバプテスト教会で大衆集会（マス・ミーティング）を開くことを決めた。

そしてそのことを付加した新しいリーフレットを刷ることになり、アバナシーとキングがその役を引き受けた。彼らが刷り上げたリーフレットは翌日二〇〇人以上のボランティアの手によって、戸口ごとに配られた。またその間、W＝J＝パウェル牧師を委員長とするタクシー委員会は、黒人経営のすべてのタクシー会社と掛け合って、一〇セントの基本料金で輸送してもらえる約束を取りつけた。

ボイコット決行のニュースは、マスコミを通しても市内に隈(くま)なく伝えられた。たとえばニクソンからこの動きを知らされた「モンゴメリー＝アドヴァタイザー」紙の記者ジョー＝アズベルは、同紙の日曜朝刊に「黒人集団、シティ＝ラインズ＝バス会社のボイコットを準備」という見出しの特集記事を載せた。また市警察部長(ポリス コミッショナー)クライド＝セラーズはこの動きを知って、地方テレビに自ら出演して黒人のやろうとしていることを非難するとともに、ボイコットは素直にバスに乗ろうとしている多くの黒人たちを脅迫するための「ならず者ども(グーン スクワッズ)」の試みにすぎないと主張した。だが、これらのマスコミ＝ニュースは、かえってリーフレットを手にしなかった黒人たちにも月曜日の運動計画を周知徹底させる役割を果たすことになった。

歴史的な一二月五日の朝

こうして迎えた一二月五日月曜日の朝、せめて六〇パーセントの協力が得られれば運動の成功と考えていたキング夫妻は、自宅の前を通るサウス＝ジャクソン線の一番バスが空(から)であるのを見て心から驚愕(きょうがく)した。キングはその時の様子を『自由への大いなる歩み』において以下のように描写している。

幸いなことにバス停はわれわれの家からちょうど五フィートのところにあった。……最初のバスは六時ごろ通ることになっていた。……私がキッチンでコーヒーを飲んでいると、「マーティン、マーティン、早く来て！」というコレッタの叫び声が聞こえた。私はコーヒーカップを下に置くと、リビングルームの方に走って行った。私が正面の窓に近づくと、コレッタが「あなた、空っぽよ！」と言いながら、ゆっくりと走ってくるバスを嬉しそうに指さした。私は自分が見たものをほとんど信じることができなかった。……一五分すると次のバスもやってきたが、最初のバスと同じように空っぽだった。三台目のバスもやってきたが、それも二人の白人乗客を乗せただけで全く空だった。

外に飛び出して自動車に乗ったキングが、市内を巡回して見た光景も信じられないほどのものであった。黒人たちはだれ一人バスに乗ることなく、互いに自動車に乗り合わせたり、ヒッチハイクをしたり、嬉々として歩いたりしていた。オートバイに乗った警官がバスに乗りたがっている者を乗せないように妨害している者がないか巡視したが、そのような者はだれもいなかった。ボイコット運動の最初の時間としては、まさに大成功であった。

同じ日の午前九時にパークス夫人の裁判が市裁判所において開かれた。当初パークス夫人はモンゴメリー市人種隔離条例で訴えられたが、検察官は同条例によれば他に空席がある場合にのみ、黒人は自分の席を譲らなければならないことが規定されていることを意識して、その告訴を取り下げ、一九四五年制定の州法によって訴えた。同州法は市条例にある制限条項を欠いており、運転手に無制限の判断を委ねていた。被告側弁護士フレッド＝グレイは人種隔離法の妥当性そのものに挑戦したが、裁判官ジョン＝B＝スコットはパークス夫人に罰金刑一〇ドルの有罪判決を下した。それに対してグレイ弁護士は上訴の意志表示をし、裁判はわずか五分間で終わった。

キング、抗議運動の会長に選任される

その日の午後、夜の大衆集会の準備のために黒人指導者たちは、L＝R＝ベネット牧師のマウントーザイオンAME（アフリカーメソジスト監督）教会に集まった。そしてその席で大衆集会への提案事項として、抗議運動のための恒久的組織をつくり、その名称を「モンゴメリー改良協会」（Montgomery Improvement Association, MIA）とすること、またバス会社に対して次の三項目を要求することを決めた。すなわち、㈠バス運転手による礼儀正しい取り扱いを黒人乗客に保証すること、㈡乗客は先着順に黒人は後方から、白人は前方から席をつめる方式を確立し、だれも他人に席を譲ったり、空席の前で立ったままでいるようなことがないようにすること、㈢黒人乗客が圧倒的に多い路線には黒人運転手を雇用すること、の三項目である。

次いで司会者のベネット牧師が新しい組織の役員候補の指名を求め、まず会長候補について尋ねた。すると間髪を入れずにデクスター教会の会員であるルファス＝ルイスがM＝L＝キングの名を挙げた。そして彼の友人P＝E＝コンリーがそれにセカンドした。他の候補者の指名はなかった。そこで司会者はキングに諾否の意向を尋ねた。隣りに座っていたアバナシーは、以前からキングの気持ちを知っていたので、完全に彼は拒絶するだろうと思った。だがキングは意外にも、「もしあなたがたが私に何らかの奉仕ができるとお考えなら、引き受けましょう」と答えた。その後ベネットが副会長に、ニクソンが会計にというように、出席者二五人全員に役割が指定されて、執行委員会を形成することが合意された。

いったいキングはどうして以前の気持ちに反して、このような決断をしたのであろうか。差し当たって考えられることは、前週の金曜日の指導者会議におけるベネット牧師に見られるような独断的な指導者に、この重要な歴史的運動のリーダーシップを委ねることの危険性を憂慮したこと、およびその他の黒人指導者の間の党派的精神にも心を痛めたことであろう。だがもっと根本的には、その日のほとんど一〇〇パーセントに近い黒人大衆の団結の事実への驚嘆と、午前中のパークス裁判の不条理への怒りとが、彼をこの決断へと駆り立てたものと言う以外にないように思われる。いずれにせよこれは、彼が後にローザ＝パークスについて述べた言葉を用いて言えば、まさに時代精神（ツァイトガイスト）に突き動かされた出来事であった。時にＭ＝Ｌ＝キングは未だ弱冠二六歳の青年牧師であった。

ホールトーストリート講演

ホールトーストリート大衆集会　キングが帰宅したのは午後六時過ぎであった。七時に予定されているホールトーストリートーバプテスト教会における大衆集会に間に合うためには、あと三〇分しか時間がなかった。彼は会長として基調講演をしなければならなかった。その時の切羽詰まった気持ちを、彼は後に『自由への大いなる歩み』の中で次のように描いている。

時間はどんどん過ぎて行った。もう六時半だった。そして集会に出席するためには、私は六時五〇分までには出発しなければならなかった。そのことは、私の人生で最も決定的な講演を準備する時間がたった二〇分しかないことを意味した。私は自分の前に存在する限られた時間と、この講演がもたらすいろいろな意味合いを考えているうちに、恐怖の念に捕らえられた。……私は自分が不適切だという念に駆られて、ほとんど圧倒されそうになった。このような不安な状態で、私はすでにその二〇分の時間のうちの五分間を費やしてしまった。もはや人間性の弱さと不適切性に対して無比の仕方で立ち向かうある力（パワー）を信じる以外に、何の術をも知らない気持ちで、私は神に向かって祈った。

それでもなお、いかにして一方において虐(しいた)げられてきた黒人大衆を積極的行動に向かって立ち上がらせるに足るだけの戦闘性を保ちつつ、他方においてその情熱をキリスト教的限界内に抑制することのできる穏健性を保つことができるか、という「二つの明らかに調和しがたい事柄」の結合を考えながら、キングはホールト-ストリート教会に向かった。

開会時間の七時が近づくと、教会堂内外は群衆で埋めつくされてしまった。会堂内には一、〇〇〇人の聴衆が、そして会堂外にも少なくとも四、〇〇〇人の聴衆が開会を待っていた。そして会堂外の人々のためにはラウドースピーカーが用意されていた。

集会はほぼ三〇分遅れて始まったが、まず全員で讃美歌「キリストの兵士たちよ、前進せよ」(Onward, Christian Soldiers 邦語讃美歌三七九番)を歌い、次いで一人の牧師が開会の祈禱(きとう)を捧げ、もう一人の牧師が聖書を朗読した。そしてその後M＝L＝キングの基調講演に移った。この講演はこの日以後一二年四か月に及ぶ公民権運動指導者としてのキングの最初の講演であるとともに、これ以後展開される彼の思想の基調をなすものでもあった。

我慢できなくなる時

キングはまず、「われわれが今晩ここに集まったのは、真剣な問題のためである」と、深い声でゆっくりと語り始めた。次いで彼はその真剣な問題の一般的意味と特殊的意味に言及していった。「われわれがここに集まったのは、一般的意味においては、何よりもわれわれはアメリカ市民であり、われわれの市民権の十全な発揮のためである」。「だが特殊的意味においては、われわれはモンゴメリー市のバス問題のために集まったのである」。われわれはこの状況を正そうと決心して集まったのである。余りにも多くの場合に、われわれ黒人は黒人であるがゆえに脅迫され、屈辱を味わい、抑圧されてきた。

先週の木曜日モンゴメリーの最もすばらしい市民の一人が、白人に席を譲らなかったという理由でバスから引きずり降ろされ、逮捕され、刑務所に連れて行かれた。ローザ＝パークス夫人は立派な方である。「だがその事件が起こらざるをえなかった以上、私はそのことがパークス夫人のような方に起こったことを喜んでいる。なぜなら何人も彼女の計り知れない誠実さを疑うことができないからである」。

ここでキングは少し息を飲んだ後、力強い声で叫んだ。「わが同胞よ、人間には抑圧の鉄足で踏みにじられることに我慢できなくなる時があるのだ」。これまで散発的に「然り（イエス）」や「アーメン」で応答していた聴衆は、この一言に万雷の拍手喝采（かっさい）をもって応（こた）えた。この様子をテイラー＝ブランチは次のように描写している。

巨大な騒音の雲は会堂を揺がし、消えようとはしなかった。たった一つのセンテンスがこの反応を引き出し、黒人教会の礼拝に固有の呼応（call-and-response）を、単なる政治集会の騒音の域を越え出て、キングがかつて経験しなかったような特別なものにした。茂みの中には恐るべき巨大な兎がいたのである（Taylor Branch, *Parting the Waters: America in the King Years 1954-63*, Simon and Schuster, 1988）。

正しいことへの抗議の権利

「人々が生命の七月の輝かしい太陽の光から閉め出されて、アルプスの一一月の突き刺すような寒さの中に立たされていることに我慢できない時がやってきたのである。今晩われわれがここに集まったのは、もはや我慢できないからである」。

だがここで、聴衆の爆発的応答を引き出したキングは、予め心に銘記していた聴衆の情熱をキリスト教的限界の枠内に抑制する穏健性の方向に目を転じた。「ところでわれわれは、ここで暴力を鼓吹するものではないことを確認しよう。そのことならわれわれはすでに克服している」。聴衆はこの訴えにも、「もちろん」「もっともっと繰り返して」と叫んで応答した。「私はモンゴメリーの人々にもこの国全体の人々にも、われわれがキリスト教徒であることを知ってもらいたい。われわれはキリスト教を信じている。イエスの教えを信じている」。

そしてキングはこのキリスト教信仰を、アメリカ民主主義とダイナミックに結びつけていった。

その鍵は「正しいことへの抗議の権利」である。「われわれが今晩手にしている唯一の武器は抗議の武器である。そして第二に、このことはそのあらゆる過ちにもかかわらず、アメリカの栄光である。これはわが民主主義の栄光である」。もし仮にわれわれが全体主義体制の地下牢に閉じ込められているとしたら、このようなことはできないであろう。「だがアメリカ民主主義の偉大なる栄光は、正しいことのために抗議できる権利である」。「だからわが同胞よ、われわれは何人にもわれわれの行動を、クークラックスクランや白人市民会議と比較させるようなことはしない。われわれはモンゴメリーのバス停で十字架を焼くようなことはしない。また、白人を彼らの家から引きずり出して、どこか遠くの道路に連れて行き、殺すようなことはしない。……われわれはただ、正義が存在するのを見たいためにここに集まっただけである」。この訴えにも聴衆は拍手喝采を贈った。

ここでキングはいよいよ、自分たちが始めている抗議運動の正しさの核心に触れていく。その論調は漸層法的である。「われわれがやっていることは間違ってはいない。もしわれわれが間違っているとすれば、この国の最高裁判所が間違っていることになる。もしわれわれが間違っているとすれば、米国憲法が間違っていることになる。もしわれわれが間違っているとすれば、全能の神が間違っていることになる。そしてもしわれわれが間違っているとすれば、ナザレのイエスは単なる夢想家ということになり、この地上に来りたまわなかったことになるのだ」。この時の聴衆の反応を、前述のテイラー＝ブランチは「ここで群衆は二度目に、ちょうど一度目にもうわれわれは我慢できないと彼が述べた時のように、爆発したように思われた。騒音の波は次々と彼らを覆（おお）い、天井（てんじょう）の頂点にまで達した」と描写している。キングはこの漸層法を、彼が好んで用いた旧約の預言者アモスの言葉を引用して結んだ。「われわれはこのモンゴメリーで、公道が水のように、正義がつきない川のように流れるまで闘い続けることを決心したのだ」。

愛だけでなく正義を、
説得だけでなく強制を

このあとキングは団結の必要性と抗議行動の法的正当性を説いた後、何事をするについても神（ゴッド）を前面に立て、自分たちがキリスト者（Christian）であることを忘れないようにと勧告した。そして今は単に愛（ラブ）を説くだけでなく正義（ジャスティス）を主張すること、説得（パースエイジョン）の手段だけでなく強制（コウアーション）の手段を用いること、教育（エデュケイション）の過程だけでなく立法（レジスレイション）の過程が必要であることを、強調した。ここには明らかにラインホールド＝ニーバーのキリスト教現実主義（リアリズム）の思想的影響がみられる。だがそれは決して観念的レベルにおける思想的影響と言うべきものではなく、キングの冷静な現実認識における思想的呼応とも言うべき事柄である。

ところが、ここで私たちが注意しておかなければならないことがある。それはキングの自著である『自由への大いなる歩み』においては、この箇所はキング自身が実際に述べたこととは違った風に描かれているからである。すなわち、同著によるとキングは強制ではなく説得を方法論とすべきことを説いたことになっているし、愛を強調するために「あなたの敵を愛し、あなたを呪（のろ）う者を祝福し、あなたをののしる者のために祈れ」というイエスの言葉を引用し、また「何人にも、彼を憎ませるほどにあなたを引きずり降ろさせてはならない」というブッカー＝T＝ワシントンの言葉を引用したことになっている。だが実際にキングが語った言葉の録音からのテキストには、このような言葉は残されていない。

すると私たちはこの齟齬（そご）をどう解釈したらよいであろうか。筆者はこの点については、たとえばジェイムズ＝コーンの次のような見解に従いたいと思う。すなわち、この著書が書かれた時点では、キングは黒人、白人の両者に対して暴力発生の危険を取り除く必要に迫られていたし、また白人からの支持を獲得する必要があったことなどから、正義の修正語としての愛が彼の思想の中心テーマになっていたこと、およびそのころには彼の周囲に何人かのアドバイザーたちがいたこと等から考えて、「私は（キングにおける）正義から愛への強調点の変化は、ある程度まではアドバイザーたちの編集上の手心によるものと確信している」という見解である。

ではその点は実際にはどのように語られたのであろうか。録音からのテキストによれば、それは以下の通りである。

私は今晩あなたがたに、愛（ラブ）について語るだけでは十分でないことを申し上げたい。愛はキリスト教信仰の頂点をなす部分の一つではある。だが、そこには正義（ジャスティス）と呼ばれるもう一つの側面もあるのである。正義は実際には計算された愛である。正義は愛に反するものを矯正(きょうせい)する愛である。……愛の傍(かたわ)らには常に正義が存在しているのだ。それゆえ、われわれは今はただ正義の手段だけを用いているのである。われわれはただ説得(パスエイジョン)の手段を用いるだけでなく、強制(コウアーション)の手段をも用いなければならない。この問題はただ教育(エデュケイション)の過程であるだけでなく、立法(レジスレイション)の過程でもある。

以上説いた後でキングは再度団結を強調し、やがて将来モンゴメリーの歴史が書かれる日のことを指示してこの講演を終わっている。その時にはきっとだれかが、「かつてここに縮れ毛の黒い顔をした人々がいて、彼らの権利のために勇気をもって立ち上がった。そして彼らはそのようにして、歴史と文明の血管に新しい意味を注入したと言うであろう」と。

このあとローザ＝パークス夫人が聴衆に紹介され、次いでラルフ＝アバナシーが用意された要求事項を朗読して、この要求が受け入れられないかぎりバスには乗らないことにしたいとの決意を表明して、諾否を問うた。会堂内外の聴衆は一斉に立ち上がり、歓呼してこれを承認した。こうしてこれ以後三八一日間に及ぶバス-ボイコット運動の幕は切って落とされたのである。

黒人の現実の文脈の中で

ここで筆者は、キングのこの講演に対する筆者自身の若干のコメントを加えておきたい。この講演に現れているキングの思想的特徴は、アメリカ民主主義とキリスト教信仰に対する確固たる信頼である。そしてそれら二つの要素は切り離しがたく結びついていて、敢(あ)えて大胆に言えば「政教一致」の思想とも言うべき性格を持っている。だがその「政教一致」はあくまでも終末論的(エスカトロジカル)な意味におけるそれである。

それゆえ、この思想の「今」の課題は、アメリカ民主主義の栄光として「正義のために抗議する権利」を指示し、キリスト教信仰の核心として愛よりも「正義」を強調することである。そしてキングはこの論点を主張するために、現代神学者のラインホールド＝ニーバーから学んだキリスト教現実主義(リアリズム)の視点を取り入れているのである。

だが、そうした神学的視点の導入も、人種隔離体制下に伸吟(しんぎん)するアメリカ黒人の現実の文脈(コンテキスト)の中で消化されている。実にダイナミックな思想的展開と言うべきである。こうしてこの思想はこれから、「政教分離」を装(よそお)いつつその実支配体制の宗教イデオロギーと化している、人種隔離体制支持の「逆転した政教一致」の思想である白人(ホワイト)神学(セオロジー)と対決することになるのである。

コーヒーカップの上の祈り

カープール・システム　一二月五日の大衆集会で決議された三項目の要求は、モンゴメリーの市とバス会社の双方に直ちに伝達された。翌日キングは記者会見を行って、ＭＩＡ（モンゴメリー改良協会）の要求項目の内容について詳細に説明した。

われわれは人種隔離の撤廃を（直ちに）要求しているのではない。それは立法と法廷の問題である。われわれは法律の範囲内でも事が進められると考えている。われわれが求めているのは、バス乗車における正義と公正な取り扱いだけである。われわれが好まないのは、空席があるのに黒人が立たなければならないという考えである。その点に関する正義をわれわれは要求しているのである。

私たちはここで、モンゴメリー市の黒人が当初いかに控え目な要求をしていたか、という点に注目しておきたい。彼らはこの時点では人種隔離法の撤廃そのものを要求したのではなく、ただ白人は前方から、黒人は後方からの先着順着席方式を要求しただけである。それは微温的とも言えるささやかな変更要求であった。しかもこの方式はすでに同じアラバマ州の他の都市(たとえばモービル市)で実行に移されてもいたのである。

だからキングを始めMIAの指導者たちは、この問題は恐らく数日で、しかも余り疑問の余地もなく解決するだろうと考えていた。だが、市側もバス会社も予想に反して強硬にその要求を拒絶した。それのみならず市側は、MIAが黒人タクシー会社に依頼して実施している超低料金による輸送を、市条例違反であるときめつけて最低料金の徴収を発表し、併せて乗客の少ない黒人居住区のバス路線の運行を停止した。

この窮境の打開策としてキングは第二回目の大衆集会において、ボランティア精神に基づくカー・プール・システムを提案した。それは運動の担い手たちが互いに自動車を提供し合って、朝夕の通退勤時に定められた集合地点に集まった人々を輸送するというシステムである。集会に出席した黒人大衆はこの提案に熱烈に応答した。その結果二〇〇人以上のボランティア運転手の応募があり、市内には四〇数か所の朝夕それぞれの駅が設けられ、中心街の中央指令所の指示に従って、輸送計画が即座に実行に移された。

また黒人居住区におけるいくつかのバス路線の運行停止は、それまで躊躇していた人々をもボイコット継続の決断へと促していった。このように市およびバス会社側の頑強な対応は、かえって黒人たちの闘いへの意志を固めさせる結果を招いたが、それだけでなく心ある白人市民の黒人支持の態度決定をも促すことになった。それらの中のいくつかの声は、市の有力紙である「モンゴメリー＝アドヴァタイザー」に載った。

たとえば、D＝J＝ガロウの『十字架を担いて』によれば、I＝B＝ラトリッジという名の白人夫人は、「一人の白人が座るために一人の黒人が立たせられることが正しい、と考える白人がまだいるとは」と書いたし、他の白人女性は、どうしてモンゴメリー市はモービルその他の南部諸都市の方式に従ってバスを運行できないのか、と問うた。さらにもう一人のジュリエット＝モーガンという女性は、このボイコット運動をインドのマハトマ＝K＝ガンディーの塩の行進に譬(たと)えて抗議者たちを賞賛し、「憎悪からの自由と結びついた受動的(パッシヴ)抵抗(レジスタンス)は、無視できない力である」と書いた。ちなみにキングが彼の唱導する非暴力的(ノンヴァイオレント)抵抗運動をガンディーの名と結びつけるようになったのは、このジュリエット＝モーガンの提言が契機となったものである。

白人支配者側はなぜ一歩も譲らないのか

ところでMIAは基本的姿勢は堅持しつつも、依然早期決着を目ざして市およびバス会社側との第二回交渉において、MIA側の柔軟姿勢を示すために三つの要求項目の一つについて、自分たちは黒人運転手をすぐに雇用せよと要求しているのではなく、単に黒人からの申込書を受けつけて欲しいと言っているにすぎない、と修正した。だが、市当局とバス会社側の態度には何の変化も見られなかった。こうして両者の交渉は決裂したままで一九五五年の年末を迎えることとなったのである。

一二月二二日に市行政委員会(コミッション)は、クリスマスから新年にかけてすべてのバス運行を停止すると発表し、併せて乗客欠如のために翌年早々に料金の値上げをしなければならないと警告した。一方、黒人側はいよいよ長期にわたる抵抗運動を予測して、非暴力的抵抗運動への決意を固めていった。当時の謄写刷りのパンフの中でMIAは次のような声明を発表している。

> これは道徳的(モラル)および霊的(スピリチュアル)力(フォース)に依拠した受動的抵抗の運動である。われわれ被抑圧者は心の中に、抑圧者に対する憎しみを抱いてはいない。だが、それにもかかわらず、われわれは正義の運動が勝利を収めるまでは抵抗する覚悟である。

私たちはここで、いったい白人支配者側はなぜ黒人たちに対してこの程度のささやかな譲歩をさえ拒絶し続けたのかを、問うてみなければならない。その点に関して筆者は、キングがモンゴメリー闘争の初期に発表した小論文「われらの闘争」の冒頭に書いている言葉に注目したい。それはまず、「黒人に対する人種隔離――それは必然的に人種差別を伴うものであるが――は、白人および黒人両方の大衆の中に存在する劣等(インフィリオリティ)感の上に成立してきた」と述べた上で、白人について次のように述べている。

白人は黒人との関係において、自分たちが自己自身の倫理的主張の核心を拒絶してきたことを知っていた。だが彼らは自己の劣性本能の勝利を直視することができず、それとともに内心の平和をも失ったのである。だから、それを得ようとして彼らは、人間以下の存在である不幸な黒人は、第二級(セカンド)の地位(スタイタス)に値するし、またそのことを喜んでさえいる、と主張することによって、合理化を図ったのである。

人種隔離制度は宗教制度でもあった

ここにはまさにキングの慧眼(けいがん)がある。南部再建(リコンストラクション)後、奴隷制に代わって発達した人種隔離制度(セグリゲイション)は、一面において白人の利害に基づく政治的・社会的制度であったが、他面において人間の心の根源に関わる宗教的制度でもあったのである。筆者自身の体験でも痛感されたことであるが、アメリカ南部は非常に宗教的な心情に富んだ地域である。そこで私たちは、その宗教的南部でどうして人種隔離制度が根強く発達したのか、とつい問うてしまう。だがその問いはむしろ逆転されるべきではないかと思う。すなわち宗教的南部だからこそ、人種隔離制度があれほど根強く発達したのではないかと。たとえば、そのことを裏づける例証として、筆者はキングが『自由への大いなる歩み』において紹介している、第二回交渉における白人メソジスト教会牧師E＝スタンリー＝フレイジアの以下のような言説を挙げたいと思う。

彼は人間性の脆さと弱さについて説得的に語った。彼は黒人がバスをボイコットしていることは間違っていると思う、と明言した。そして、さらに悪いことは、抗議運動が福音を語る牧師たちに指導されていることであると主張した。牧師の仕事は人々の魂を神に導くことであって、一時的な社会問題にからみつくことではない、と彼は断言した。それから彼はクリスマスの物語について簡単に語った。そして、「言葉では言いつくしがたい神の賜物」について心を呼びさますような仕方で述べた。さらに彼はクリスマスの季節を迎えているのであるから、われわれの精神と心はベツレヘムの幼な子に向けなければならないと言って、黒人牧師たちにこの会合を終えて、ボイコット運動を終結し、彼らの会員を「キリスト教信仰の栄光に満ちた経験」に導くべきであると勧告した。

これは完全に宗教イデオロギーの論理である。人種隔離という人と人とを分離する非人間的社会現実を、「一時的社会問題」に格下げすることによって、人と人とを結びつけるべきキリストの福音を、地上から永遠の領域へと切り離してしまう論理である。キングはこのようなフレイジアの論理に対して、自分たちもまたイエスとの交わりを持ってきた者であり、イエス＝キリストにおける神の啓示を確信している、だが自分はイエス＝キリストへの献身と現在の行動との間に矛盾を感じてはいない、むしろそこには必然的な関係があると反論した。そして「もし人が真にイエスの宗教に献身しているなら、彼は地上から社会悪を除去するように努めるであろう。福音は個人的（パーソナル）であるとともに社会的（ソーシャル）である」と主張した。

根源的・総体的体制としての人種隔離体制

ここには明白に異なる二つの宗教理解が存在している。一つは宗教を個人的魂の救済の次元に限局して位置づけることによって、社会悪から目をそらし、結果的に社会の「親しんだ慣習（チェリッシド・カスタムズ）」に身を引き渡してしまう宗教理解であり、もう一つは宗教への献身のゆえに問題性を含む社会の「親しんだ慣習」に挑戦していく宗教理解である。残念ながら、フレイジア牧師に代表される多くの白人キリスト者たちの陥っていた宗教理解は前者に属し、キングと彼に従った黒人キリスト者たちの宗教理解は後者に属するものであった。「われわれが今なさなければならない決断は、果たしてわれわれは自分の忠誠を時代遅れの不正な慣習にささげるのか、それとも宇宙の倫理的要求にささげるのか、ということである。キリスト者としてわれわれはわれわれの究極の忠誠を、神と神のみ心にささげるべきであって、人間と人間の慣習にささげるべきではない」。

さて、もし人種隔離制度が以上に指摘したように、政治的社会的次元のみならず、宗教的次元をも擁した根源的かつ総体的体制であったとすれば、たといバスの座席といえども決して小さな問題とは言えなくなるのである。「蟻の穴から堤も崩れる」の諺にも似て、単なるバス座席の変更も人種隔離体制全体、ないしはそれに基づく生活様式そのものの崩壊にも連なることになるのである。私たちはここにこそ当初一日だけ、ないし長くても一週間ぐらいを想定したモンゴメリーにおけるバス・ボイコット運動が、ついに三八一日間に及ぶ運動にまで発展した秘密があることに気づかせられるのである。

筆者は一九八八年の夏、このモンゴメリーを訪れたが、キングもその著『自由への大いなる歩み』の冒頭で叙述しているように、この町の中心街を東西に走っているデクスター＝アヴェニューの突き当たりには、一八六一年二月一八日にその柱廊玄関の階段でジェファーソン＝デイヴィスがアメリカ南部連邦（the Confederate States of America）の大統領就任式を行った白亜の州会議事堂が建っている。そしてそのドームの頂上には、今も合衆国旗、アラバマ州旗のほかに南部連邦旗がへんぽんと翻っている。筆者はこの事柄の中にも、公民権運動を経過した今日においてもなお、執拗に自我を主張してやまない「南部」の叫びを聞きとったような、えたいの知れない感情に襲われた。

非暴力的哲学の現実性

年が明けても市当局およびバス会社との交渉は依然遅々として進まなかった。だがＭＩＡ（モンゴメリー改良協会）には、国内各地のみならず全世界から激励の言葉と献金が寄せられるようになった。この資金はやがてステーションワゴンの購入にも充てられて、輸送システムの推進に役立った。

だが何と言っても抗議運動の持続にとって重要なことは、人々の情熱を冷却させないことであった。そのために当初のうちは週に二回の大衆集会（やがてそれは週に一回となったが）がいろいろな黒人教会で開催され、キングを始めとする指導者たちはたえず人々を励ますとともに、繰り返し非暴力的抵抗の重要性を強調した。その際指導者たちが常に説いたのは「キリスト教的愛」の福音であり、特にイエスの「山上の説教」であった。また白人の図書館員ジュリエット＝モーガンが「モンゴメリー―アドヴァタイザー」紙に、ガンディーとの結びつきを指摘してからは、キングの奨励の中にはガンディーの名も登場するようになった。キングは彼らの闘いにおける暴力の使用は非現実的であり、非道徳的であると強調した。憎しみには愛をもって、暴力には非暴力をもって、そして物理的な力には魂の力をもって応えなければならないと説いた。

大衆集会で人々を励ますキング

この非暴力の哲学は、市側の対応が硬化するにつれてますます必要かつ現実性を持つものとなった。モンゴメリー市の行政委員(コミッショナー)たちは、人種隔離主義団体である白人市民会議(ホワイト・シティズンズ・カウンスル)に正式に加入したり、カープールーシステムの運転手たちを保険や免許を停止すると脅すとか、待ち合わせている運転手を浮浪罪で告発するとかいった「強硬政策(ゲット・タフ・ポリシー)」を取り始めた。このためにキング自身も一九五六年一月二六日には、時速二五マイル制限地区を三〇マイルで走ったとのかどで初めて逮捕・投獄された。

だが、このような「強硬政策」をもってしても抗議運動を止めさせることができないことを知った白人市民会議は、さらに過激な手段に訴えるようになった。すでにボイコット運動の当初からキング宅には脅迫の電話が寄せられていたが、この脅迫はますます激しくなり、一月の半ば(なか)ごろには、一日に三〇回から四〇回の電話がかかってくるようになった。そして一月三〇日夜にはその脅迫は実際の暴力に変わった。その夜キングは第一バプテスト教会で行われていた大衆集会に出席していたが、生後まもない幼児ヨランダ＝ディナイズとともに留守宅を守っていたコレッタ＝スコット夫人と教会婦人メアリー＝ルーシー＝ウィリアムズのもとに爆弾が投げこまれた。幸いにもコレッタ夫人らには身体的被害はなかったが、この爆発音を聞いて駆けつけた黒人群衆と警官との間には一触即発の危機状態が生まれた。

急ぎ帰宅して家族が無事なことを知ったキングは、ざわめく群衆を制して決して暴力的報復をしてはならないと戒め、次いで以下のように語った。

私はあなたがたに敵を愛するように望みたい。彼らに優しく対応して欲しい。彼らを愛し、彼らにあなたがたが彼らを愛していることを知らしめて欲しい。このボイコット運動を始めたのは私ではない。私はただあなたがたのスポークスマンとなるように、あなたがたから頼まれただけだ。私はこの国全体に、たとい私を止めることができても、この運動が止まることはないことを、知ってもらいたい。たとい私が止められても、われわれの業は止まることはない。なぜならわれわれがしていることは正しいからだ。

一月二七日夜の体験

この夜キングのこの言葉を聞いた黒人たちは、パニックに陥ることもなく静かに引き揚げて行ったのであるが、ここで私たちが留意したいことは、自分自身の身の上に起こった現実の暴力事件の前で、このように落ち着いた毅然たる態度がキングの中から自然と出てきた、というふうに考えてはならないということである。そのように考えることはキングを神話化することである。むしろそこには、生身のキングにとっての激しい内心の葛藤があったことを、予想しなければならない。私はこの点について、デイヴィッド＝J＝ガロウやJ＝H＝コーンがこの爆弾事件に先立つ一月二七日夜の「コーヒー・カップの上の祈り」に、キングの思想の根幹をなす実存的体験を見出していることに、深い洞察を感じざるをえない。事実、キングはこの夜の体験をその後の自分を支える転換点になった、と彼の著作や説教で繰り返し語っている。少し長くなるが、以下にその体験をキング自身が一一年後に語った言葉の中から引用してみよう。

それは真夜中のことだった。……その夜私は運営委員会で外出していた。帰宅すると妻はすでに床についていた。私も……休むためにすぐに床にもぐり込んだ。するとまもなく電話のベルが鳴ったので、私は受話器を取り上げた。向こう側から汚い声が聞こえてきた。……『黒ん坊(ニガー)、おれたちは、お前やお前らのごたごたにはうんざりしている。もし三日のうちにお前がこの町から出ていかなかったら、お前の頭をぶち抜き、お前の家を爆破するぞ』。私はこのような言葉をそれまでにも何回も聞いたが、どうしたものかその夜は胸にこたえた。寝返りをうっては眠ろうとしたが、眠れなかった。……そこで起き上がって台所に行き、コーヒーでも飲めば少しは落ち着くかも知れないと考えて沸かし始めた。そこで私はいろんなことを考えた。大学で学んだばかりの神学と哲学を振りかえって、罪と悪の存在と現実に対する哲学的・神学的理由づけを試みてみた。だが答えはそこからは出てこなかった。私はそこに座り込んで、生まれてから一か月にしかならない可愛い娘のことを考えた。……また向こうで寝ている献身的で忠実な妻のことを考えた。そして、彼女は私から取り去られるかも知れないし、私も彼女から取り去られるかも知れないと思った。私はもう耐えられないと思った。私は弱かった。
だがこの時、キングは神の声を内なる声（インナーヴォイス）として聞いたのである。

その時何ものかが私に語りかけた。お前は今お前の父親に電話してはいけない。彼は一七五マイル先のアトランタにいる。お前は今お前の母親に電話してもいけない。お前はただ、お前の父親がかつてお前に話してくれたあのお方に頼らなければいけない。道なきところに道をお作りになることができるそのお方に頼るのだ。私はその時、宗教（レリジョン）は私にとってリアルなものでなくてはいけない。私は自分自身で神を知らねばならないということが分った。そこで私はコーヒー-カップの上にうつ伏せになった。私はそのことを決して忘れない。私は祈りに祈った。その夜私は声をあげて祈った。私は言った。主よ私はここで正しいことをしようとしています。私たちが掲げている主張は正しいと考えています。しかし主よ、私は告白しなければなりません。私は今弱いのです。くじけそうです。勇気を失いつつあります。だが私はこんな姿を人々に見せたくありません。なぜなら、もし彼らが私の弱い姿を見、勇気を失っていることを知ったら、彼らも弱くなってしまいます。私は明日の朝笑顔で執行委員会に出られるようにしたいのです。

その瞬間、私は内なる声（インナー ヴォイス）を聞いたように思った。マーティン＝ルーサーよ、義のために立て、公義のために立て、真理のために立て。見よ、私はあなたとともにいる。世の終わりまでともにいる。私は閃光（せんこう）の輝きを見た。雷鳴の轟（とどろ）きを聞いた。罪の大波が私の魂を征服すべく突進してくるのを感じた。しかし私は同時に、闘い続けよ、と優しく語りかける主イエスの声をも聞いた。彼は私に、決して一人にはしないと約束した。決して決して一人にはしないと（一九六七年八月二七日、シカゴ、マウント‐ピスガ‐バプテスト教会における説教「なんじ愚か者よ」）。

父祖の信仰への目ざめ

こうしてキングは極度の実存的危機のまっ直中で、自己自身の一部になっている父祖伝来の黒人キリスト教信仰の伝統に改めて目ざめたのである。J＝コーンは、人が死の恐怖の中で目を向けるものこそ、その人を本当に支えるものであると指摘しているが（James H. Cone, *"Martin Luther King : The Source for His Courage to Face Death"*）、その意味ではキングを支えた最も根源的な精神的基盤は、彼が神学校や大学院で学んだもろもろの神学的・哲学的な知的伝統であるというよりも、そのはるか下層にあって、彼を幼少のころから育（はぐく）んだ南部黒人バプテスト教会の信仰的伝統であると言うことができよう。

自由への闘い

「新しい黒人」の誕生

キングの家が爆破された日の二日後、一九五六年二月一日に、MIAはバス内での人種隔離は憲法修正第一四条（法の下での平等なる保護）違反につき撤廃すべきであるとの訴えを、連邦地方裁判所に対して起こした。だが逆にモンゴメリー市は二月二一日、ボイコット禁止を定めている古い州法に訴えて、キングとその他二三人の牧師を含む一〇〇余名のMIA会員を告訴した。

この時M＝L＝キングはナッシュヴィルからの帰途、アトランタの父のもとに立ち寄っていた。翌日から逮捕が始まることを知った父キングは子の身の上を案じて、市内在住の黒人指導者たちの助力をも求めて、子キングにアトランタに留まるように説得した。彼はキング宅爆破事件の時にも、子のことを心配して剛毅な性格で知られていた自らの誇りをもかなぐり捨てて、「死んだライオンになるよりも、生きた犬である方がよい」と告げたほどであった。だが子キングは、たとい何事が起ころうともモンゴメリーの仲間を見捨てることはできないと、父の申し出を断った。この時の様子をD＝ガロウは次のように述べている。「涙を流しながら父キングは息子が帰ることを認めた。……

翌朝父キングはマーティンとコレッタをモンゴメリーまで送っていった」。

　モンゴメリーに帰ったキングは、アバナシーから前日MIAの仲間が逮捕されるために刑務所に喜んで駆けつけたことを知らされた。だれも恐れてはいなかったのである。かつて恐怖心が支配したところには確信が、屈辱が支配したところには誇りがあった。三月一九日に始まった裁判で、キングは五〇〇ドルの罰金ないし三八六日の重労働刑を宣告された。弁護団は即刻上訴した。ユージン＝カーター裁判官は、キングの上訴が完了するまで他の被告の裁判を続けると言明した。

　だが、キングの有罪判決で、抗議運動はますます強力なものになった。モンゴメリーの黒人はだれもが、キングとともに有罪判決を受けたような気持ちになった。そして彼らはバスへの乗車拒否の決意をいっそう固めていった。キングが裁判所から出てきた時、彼を迎えた何百人という群衆は一斉に声を揃(そろ)えて、「われわれはもうバスには乗らないぞ」（"We ain't gonna ride the buses no more"）と歌った。ここには確かに前記論文「われらの闘い」の中で、キングが述べている「新しい黒人(ニューニグロ)」がすでに生まれていたのである。

　六月四日、連邦地方裁は市バスにおける人種隔離を定めたアラバマ州法を、違憲と裁定した。だがこれに対して市側は最高裁に上訴したほか、秋には新たに公的妨害の理由でカープール・システムに対して攻撃を加えてきた。併せて保険会社も、MIA所有のステーションワゴンに対して保険をかけるのを拒絶してきた。抗議者たちは再び法廷に立つことになった。その前夜キングは大衆集会で人々に、信仰を失わないように勧めたものの、心中は暗くなるばかりであった。

統合バスへの準備教育

その翌日の一一月一三日、モンゴメリー市はMIAのカープールを止めさせるための暫定的禁止命令を裁判所に申請した。カープールを禁止されてはボイコット運動を継続することはできない、とキングは考えた。市側はさらにバス―ボイコットによる市税収入に対する損害賠償一五、〇〇〇ドルをも要求して追い打ちをかけた。「時計は正午をさしていたが、私の心は真夜中だった」と後にキングは回想している。だがちょうど昼の休憩に入る直前、急に法廷内がざわめき出し、やがて連合通信社(AP)の記者レックス＝トマスが一枚の電文をキングに手渡した。それには次のように記されていた。

連邦最高裁は、特別三人判事による連邦地方裁の、バス内での人種隔離を規定するアラバマ州法およびモンゴメリー市条例を違憲とする裁定を、本日確定した。最高裁はいかなる議論に耳を傾けることもなく行動し、ただ「確定の申し立ては認められ、判決は確定した」とのみ宣告した。

このニュースは法廷中にすぐ広がり、傍聴人の一人は喜びの余り沈黙を押さえ切れずに、「全能の神がワシントンD・Cから語りたもうた！」と叫んだ。だがカーター判事はこの最高裁判決にもかかわらず、カープールの禁止命令を言い渡した。しかしこれはもはや歴史の戯画以外の何ものでもなかった。

翌一四日、市内で同時に二つの大衆集会が開かれ、指導者たちから抗議運動は即座に中止されること、ただしワシントンから正式の命令書が到着するまでは実際のバス乗車は差し控えることが告げられた。この時最初の集会で、指導者の中のただ一人の白人牧師ロバート＝グレッツが説教壇に進み出て、「コリント人への第一の手紙」一三章の「愛の讃歌」を読み、「わたしたちが幼な子であった時には、幼な子らしく語り、幼な子らしく感じ、また、幼な子らしく考えていた。しかしおとなとなった今は、幼な子らしいことを捨ててしまった」の箇所に来た時には、聴衆は長かった闘いの日々を考え、かつその中でいかに人間的に成長したかを思って感涙に咽(むせ)んだ。

しかしながら、当初数日後には最高裁の命令書が到着するものと期待していたMIAであったが、やがてそれは一か月位かかることが知らされ、彼らはその間カープールーシステムの代わりに自発的な「乗り合わせ計画(シェア　エ　ライド　プラン)」を立てて対応した。また大衆集会が繰り返し開催されて、統合(インテグレイテッド)バスへの準備教育を重ねた。指導者たちは黒人大衆に「冷静さと愛情に満ちた尊厳」を持って新しい責任を負うことを勧め、合計一七か条に及ぶ「統合バスへの助言」を心に銘記するように奨励した。そして就中(なかんずく)、黒人指導者たちが心を砕いたことは、非暴力に徹することと、「われわれはこの勝利を、白人に対する勝利などと考えるべきではなく、正義と民主主義のための勝利と考えるべきである」という認識の深化であった。だからその「助言」は、「神に導きを祈り、バスに乗る時には言葉と行動において完全な非暴力に徹すること」から始まって、「これは黒人だけの勝利ではなく、モンゴメリーと南部のすべての人の勝利であることを覚えて、高ぶったり、自慢したりしないこと」、「他に空席がない場合を除き、故意に白人の横に座るようなことをしないこと」等を強調している。

だが、MIA側のこのような道徳主義的姿勢とは全く対照的に、一二月一八日市行政委員会は以下のような声明を発表した。「市行政委員会は一インチたりとも譲ることはしない。われわれはあらゆる力を行使して、黒人種と白人種の統合（インテグレイション）に反対し、かつ神の創造と計画のもとで社会的平等、人種間結婚、および両人種の混合に対しては断固として反対するものである」。

しかし二日後の一二月二〇日、ついに最高裁からの命令書がモンゴメリー市に到着した。この日の大衆集会でもキングは重ねて、「われわれは、白人と黒人が真に調和の取れた利益と理解に基づいて共存することを可能にするような仕方で、行動しなければならない。われわれが求めているのは、相互の尊敬に基づく統合である」こと、および「われわれは今や抗議（プロテスト）から和解（リコンシリエイション）に移行しなければならない」ことを強調した。

そして翌二一日の一番バスに、キングはアバナシー、E＝D＝ニクソン、ローザ＝パークス、および抗議運動を当初から強力に支援してきた白人牧師グレン＝スマイリー等とともに乗った。こうしてモンゴメリー市におけるバス統合は、ついに実現したのである。

バス統合なる

だが、まもなく一週間を経ずしてバス放火事件が起こり、白人市民会議とKKK団主導によるいくつかの暴力事件が発生した。そして、一九五七年一月九日には、南部全域にわたる公民権運動の指導機関設置についての協議のためにアトランタ出張中のキングとアバナシーのもとに、深夜アバナシーの牧会する第一バプテスト教会ほか数か所に爆弾が投下されたとの急報が入った。

急遽（きゅうきょ）モンゴメリーに取って返したキングたちが見出したものは、市内の全バスが危険予防のために運転を休止しているという事実であった。爆弾投下に対する個人的罪責感とともに、一年余に及ぶ闘いの成果の無益さ、さらには闘い終わった後のMIA内部の指導者間の不和等に心を打ちひしがれたキングは、彼の二八回目の誕生日にあたる一月一五日の大衆集会においてほとんど崩れおれそうになった。彼は聴衆の前で、「主よ、私はモンゴメリーにおけるわれわれの自由への闘いのために、だれも死ぬことを望みません。私も死にたくはありません。しかし、もしだれかが死なねばならないとしたら、それは私にさせてください」と祈った。この言葉を聞いた聴衆は「否（ノー）、否（ノー）」と叫びつつ騒然となった。彼はもはやそれ以上続けることができずに、二人の牧師に助けられながら説教壇を降りた。だが、この嘆（なげ）きの中からすでに「新しい黒人（ニュー・ニグロ）」が育ち始めていたし、白人側の暴力も次第に納まってバス運転も再開されていった。

筆者は一九八八年夏モンゴメリー市街を歩き、深い感慨に誘われた。市内には「モンゴメリー地区交通システム」(Montgomery Area Transit System)と書かれたバスが走っていたが、車内は言うまでもなく、バス駅の待合室も全く統合されていて昔日の面影は全くなかった。ただ筆者はデクスターーアヴェニューーバプテスト教会の礼拝堂に一人腰かけながら、三〇数年前の熾烈(しれつ)な闘いを思い、キングをこのような自己崩壊(ブレイクダウン)から立ち上がらせた黒人同胞たちの「ともに喜び、ともに泣く」支援の心に、改めて胸の熱くなるのを禁じることができなかった。そして爆破された第一バプテスト教会で、事件直後の日曜礼拝に起こった出来事をも想起した。

ハレルヤーコーラスおこる

一九五七年一月一二日の第一バプテスト教会の日曜礼拝は、破壊された地下室で行われた。傷心したアバナシー牧師は、ともかくも説教を終えた。その時突然重苦しい空気を打ち破るかのように、八〇歳の女性信徒スージー＝ビースリーが立ち上がって言った。「私は今日のような雰囲気は好きではない。牧師先生、教会員をこんな風に心配させてはいけない。私は一九一〇年にこの教会が焼失して、ただの大きな窪(くぼ)みになってしまった時のことを覚えている。私たちはA＝J＝ストークス牧師の指導のもとで、この教会を立派に再建した。

だから私は先生にも、私たちと一緒にこの教会を再建するように信任投票をやっていただきたい」。この時会衆はだれ言うとなく一斉に立ち上がり、ピアニストの伴奏に合わせてヘンデルのメサイアのハレルヤーコーラスを歌い始めたというのである。「そして主はとこしえに治めたもう」(And He shall reign for ever and ever)……」。

III　公民権運動の進展

投票権をわれらに

南部キリスト教指導者会議の結成　公民権運動の指導機関となった南部キリスト教指導者会議（Southern Christian Leadership Conference, SCLC）の初期に、実質的な専務理事（エグゼキュティヴ・ディレクター）の役割を果たしたエラ＝ベイカーは、「マーティンが運動を作ったのではなく、運動がマーティンを作り出したのだ」と述べているが、人種隔離制度に反対する抗議運動は、南部の他の諸都市においても次次と起こっていた。その意味で南部全域を包括する常設的指導機関の設置は、自然の成り行きであった。その第一回会合は、前述のようにモンゴメリーにおける反動的爆弾事件のために中断されたが、それでも一九五七年一月一一日、同会議は「南部および全国への声明」を承認し、キングを暫定的議長に指名した。

そして会議の終わりごろ、急ぎアトランタに引き返してきたキングは、記者会見を開いてその声明と当面の具体的行動を発表した。声明は非暴力的抵抗の精神を強調し、具体的行動はアイゼンハワー大統領、ニクソン副大統領、およびブラウネル司法長官宛（あて）に発信した三つの電報からなっていた。そして大統領には、南部を支配する恐怖状況を説明して、最高裁ブラウン判決に即応する演説をして欲しいこと、また副大統領には、南部に来て黒人に加えられている暴力の実態を知って欲しいこと、さらに司法長官には、連邦政府にできる保護対策について会談するために黒人代表と会って欲しいことを要請した、と語った。

だがこれらの要請はことごとく冷淡にあしらわれた。そこで二月一四日には第二回の会合がニューオーリンズで開かれ、九七人の参加者を得て、南部キリスト教指導者会議が正式に発足した。そしてキングはそこで正式の議長に就任した。また同会議は、アイゼンハワー大統領が引き続き人種隔離撤廃を支持する演説を拒否するならば、「ワシントンへの祈りの巡礼」(Prayer Pilgrimage to Washington)を決行することを決議して発表した。キングの言葉によれば、「これは単なる政治的行進ではなくて、深い霊的信仰に根ざした行進となるべきもの」であった。

ところでモンゴメリー闘争の勝利は、キングを全国的にも国際的にも著名人としていった。二月一八日には「タイム」誌が「良心への攻撃」の表題のもとに、キングを大々的に取り上げ、三月五日には西アフリカのガーナ共和国が英国植民地ゴールドーコーストから独立するにあたり、キングはクワメ＝エンクルマ大統領から招待された。首都アクラで新大統領が、「ついに長い戦いは終わった。わが愛する祖国ガーナは永遠に自由である」と宣言し、ユニオン-ジャックの旗が降ろされ、それに代わって緑・黄・赤の新共和国の旗が掲げられるのを目のあたりに見たキングは、今やアメリカ黒人はアフリカ人のヨーロッパ植民地主義との闘いの意義を学び取らねばならないと考えた。「抑圧者は決して自発的に被抑圧者に対して、自由を与えることはしない。……自由はただ執拗(しつよう)な反抗とアジテーションと、悪の体制への立ち上がりによってのみもたらされるものである」。

「祈りの巡礼」示威集会

アフリカから帰国したキングは、三月二五日にニューヨークで、一九五四年最高裁判決三周年を記念して計画している「自由への祈りの巡礼」について、全国有色人向上協会(NAACP)のロイ＝ウィルキンズと寝台車ポーター組合のA＝フィリップ＝ランドルフと会い、協力を要請した。その結果ランドルフはキングの考えにすぐに同意したが、ウィルキンズはキングの新しい組織が採用している「大衆行動(マスアクション)」方式には余り賛成でなかった。

ウィルキンズにとっては、モンゴメリーにおけるような大衆的直接行動は地域問題に関してのみ有効であって、全国規模の行動としては適切なものではなかった。だがキングにとっては、ブラウン判決やその他の法廷闘争においてNAACPが果たした成果を十分に評価しつつも、今黒人がなすべきことはそれら成果の実行を迫ることであって、徒(いたず)らに法廷闘争に精力を費やすことではなかった。このような意見の相違にもかかわらず、ウィルキンズはもう一度四月五日にワシントンにおいて準備会を開くことには賛成した。そして各種団体から七〇人以上の代表が集まったその準備会で、ブラウン判決三周年記念日にあたる五月一七日が「自由への祈りの巡礼」の日と決まり、キングは記者会見においてその目的を、現在南部のどこの地域でも行われている人種差別的選挙登録と選挙妨害的慣習を告発できるように、司法省が準備している公民権法案を通過させることを、議会と全国民に訴えることであると発表した。

一九五七年五月一七日、「自由への祈りの巡礼」示威集会は予定通りワシントンD・Cのリンカーン記念堂の前で、二七、〇〇〇人の参加者を得て開催された。黒人指導者の中にはランドルフ、ウィルキンズ、キングのほかにアダム＝クレイトン＝パウェルも顔を見せ、ジャッキー＝ロビンソン、マヘリア＝ジャクソン、サミー＝デイヴィス、ハリー＝ベラフォンテ等の著名人たちも出席した。

「投票権をわれらに」(Give us the ballot) の見出しで新聞を飾ったこの時のキングのスピーチは、後のワシントン大行進での「私は夢を持つ（アイ ハヴ エ ドリーム）」スピーチほど一般に知られてはいないが、黒人雑誌の「エボニー」や黒人新聞の「ニューヨーク‐アムスターダム」が「ナンバー‐ワン黒人リーダー」と評価したように、キングを一躍全国的指導者の地位に押し上げた記念碑的スピーチであった。以下にその概要を紹介することとしたい。

キングはまずこのスピーチを、一九五四年五月一七日の最高裁判決は、すべての善意の人々にとって人種隔離の長い夜を終わらしめる喜ばしい夜明けの知らせであり、それまでの古いアメリカを支配してきた「分離はすれども平等」のプレッシー‐ドクトリンに、致命的打撃を与えたことから説きおこしている。だが「この高貴にして壮大な判決」に対して、今や「多くの州が公然と反抗し、南部諸州の議会は声高に『妨害（インターポジション）』とか『実施拒否（ナリフィケイション）』と叫んでいる」。そして反抗の手段は経済的報復から暴力とテロに至るまで、あらゆる手段が用いられている。

さらに黒人の選挙権登録を妨害するために、あらゆる方法が黙認されている。だが、「この神聖なる権利の否定は、民主主義の転倒である。そして私は、投票権を確固として、かつ取り消しがたい仕方で所有しないかぎり、自分自身を所有することにはならないのである」。それゆえ、大統領とすべての国会議員に対するわれわれの最緊急の要求は、われらに投票権を与えよということである。

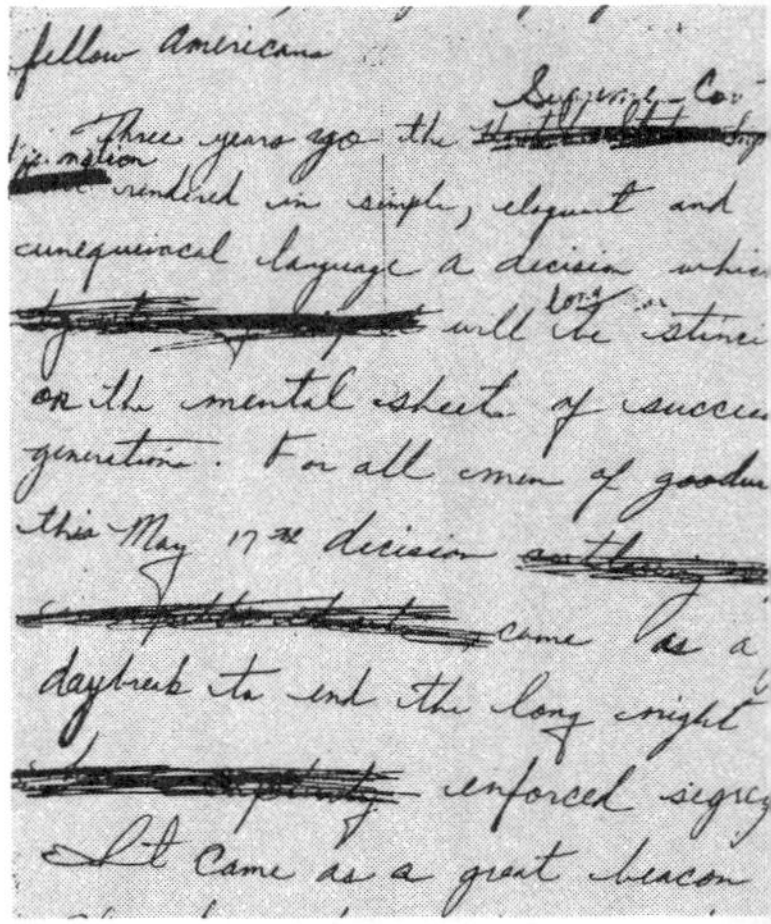
fellow Americans
Supreme Court
Three years ago the
nation
rendered in simple, eloquent and
unequivocal language a decision which
will be long etched
on the mental sheet of succee
generations. For all men of goodw
this May 17th decision
came as a
daybreak to end the long night
enforced segreg
It came as a great beacon

「投票権をわれらに」のための自筆演説草稿

われらに投票権を与えよ、そうすればわれわれはもはや、連邦政府に反リンチ法の通過を嘆願したりはしない。われわれは自分の投票の力によって、南部諸州の法令集の規則を書き、頭巾（ずきん）をかぶった暴力犯罪者の卑劣な行為に終止符を打たせるであろう。われらに投票権を与えよ、そうすればわれわれは血に飢えた暴徒のけばけばしい悪行を、秩序正しい市民の計画的善行へと変えていくであろう。

われらに投票権を与えよ、そうすればわれわれはわれわれの立法府を善意の人々で満たし、国会の聖堂に、国家的安全宣言の趣旨に反するがゆえに南部的宣言(サザン・マニフェストウ)などには署名しない人々を送り込むであろう。われらに投票権を与えよ、そうすればわれわれは南部の法廷に「正しく行動し、憐れみを愛する」裁判官を据(す)え、南部諸州の首長に、人間的なるものの味に敏感であるだけでなく、神的なものの輝きをも感じ取ることのできる知事を据えるであろう。われらに投票権を与えよ、そうすればわれわれは静かに、非暴力的に苦々しい遺恨など持たずに、一九五四年五月一七日の最高裁判決を履行(りこう)していくであろう。

強力なリーダーシップの必要な四分野

以上述べた後、キングはアメリカ史の現下の重要時点で必要とされる「献身的で勇気あるリーダーシップ」として、以下の四分野を指摘している。

強力なリーダーシップが必要な第一の分野は、連邦政治である。今までのところ、リーダーシップのこの資質を明示したのは、司法府のみである。法と秩序が崩壊している今、行政府は余りにも沈黙と冷淡を保ちすぎている。また、公民権立法が今こそ必要なこの時に、立法府は余りにも停滞と偽善の態度を保ちすぎている。

しかもこのリーダーシップ欠如の責任は、一つの政党だけでなく、二つの政党に帰せられなければならない。民主党は南部人の偏見と非民主的慣習に屈伏し、共和党は右翼反動の北部人の偽善に屈従している。だからわれわれは今日こうしてワシントンにまで出向いてきて、大統領と国会議員に向かって、「公民権の問題は決して、現体制の反動的擁護者が気軽に蹴飛ばすことができるような、はかなく消え去る国内問題などではなく、共産主義とのイデオロギー闘争において、国家の運命を決定づけると言ってもよいような永遠の道徳問題である」と訴えているのである。

第二の分野は、北部の白人リベラルたちである。今日必要なのは「真にリベラルな自由主義（リベラリズム）」である。だが今日の北部に見られるものは一種の疑似（クエイサイ）自由主義（リベラリズム）であって、あらゆる方向に共感を示そうとするために、どちらにも味方しないといった類のものである。「われわれが北部から求めている自由主義は、人種的正義に徹底的に味方して、『もう少しゆっくりと進んだらどうか。あなたがたの要求は性急すぎるのだ』などと言う人々のプロパガンダや狡猾（こうかつ）な言葉に、動かされない自由主義である」。

次に強力なリーダーシップを必要としている第三の分野は、南部の白人穏健主義者（モダリット）たちである。不幸なことに今日の白人南部のリーダーシップは、狭量な反動家の手に握られている。彼らは人間精神の深奥にある憎悪感情に訴えることによって、力を得ている。だがこのような強情な反動家は、数的には少数者にしかすぎない。実際には白人南部には、表面に現れているよりも多くの広量な穏健主義者がいるはずである。ただ彼らは社会的・政治的・経済的報復を恐れて、沈黙しているのである。だから、「願わくは、南部の白人穏健主義者たちが恐れることなく、勇気をもって立ち上がり、この時代の転換期にリーダーシップを発揮して欲しいのである」。

そして強力で勇気のあるリーダーシップを必要とする第四の分野は、黒人共同体である。われわれが今必要としているのは、冷静でいてしかも積極的なリーダーシップであって、決していわゆる民衆扇動家ではない。ここには「誤導された感情主義」の余地はない。

たしかに今日われわれには誇らかに語るべき事柄がある。たとえば、世界の人口の四分の三は有色人種であって、アジアやアフリカでは自由と独立の偉大なドラマが展開していると。これらすべては神の摂理の業の展開と言ってもよいものである。だが、われわれはこの事柄を正しい精神で受け取めなければならない。「われわれの危険性は、黒人優越主義(ブラック・スプレマシー)の哲学に陥ることである。われわれの目的は白人を打ち負かして、辱(はずか)しめることではなく、白人の友情と理解を獲得して、すべての人人が兄弟(姉妹)として生きることのできる社会を創造することである」。われわれは「勝利者心理」の誘惑に負けてはならない。

このことはNAACP(全国有色人向上協会)の成果に関しても、言われるべき事柄である。われわれは白人兄弟(姉妹)に対する法廷の「勝利」に満足してはならないものである。「われわれはあらゆる判決に対して、われわれに反対した人々を理解し、法廷の命令が彼らに課している困難な適応に心を致しながら、応答していかなければならない。……われわれが求めなければならないのは、相互の尊敬に基づく統合(インテグレイション)である」。

キングのスピーチの魅力　こうしてキングは、今日緊急に強力なリーダーシップが要請される四つの分野について鋭く言及した上で、最後に聴衆に向かって将来に目を向けるように呼びかけ、自分たちの闘いには神がともに闘っていたもうことを強調している。「神はわれわれらを悩み多きエジプトから導き出し、寥々（りょうりょう）たる荒野を経て、光り輝く約束の地へと導いていたもう」。そして結びに、黒人詩人ジェイムズ＝ウェルドン＝ジョンソンの詩を引用してこのスピーチを終わっている。

われらが疲（つか）れ果てし時の神よ、
われらが黙して涙する時の神よ、
われらをここまで伴い来り、
み力にて光に導きたまいし神よ、
願わくは、われらをとこしえに
守りたまえ。
ああわが神よ、願わくは、
われらが汝（なんじ）に出会いし所より、
足を踏みはずさざらんことを。

この世の酒に酔いしれしわが心が
汝を忘れざらんことを。
願わくは、汝のみ手におおわれ、
われらがとこしなえに
わが神と、わが祖国とに
真実ならんことを。

ところで既述したように、キングは事実上この「自由への祈りの巡礼」でのスピーチによって、他の既成黒人指導者たちに抜きんでた第一級指導者に躍り出たわけであるが、その秘密はどこにあったのだろうか。この点について、たとえばこの巡礼集会で初めてキングに会い、後にSCLC(南部キリスト教指導者会議)の会員担当理事になったC＝T＝ヴィヴィアン牧師は、「マーティンは私が言いたいと思っていた事柄を言ってくれた。彼は実際その事柄の最深の理解を言葉にしてくれたのだ」と語り、またバス-ボイコット運動の準備会でキングをMIA会長に推薦したルファス＝ルイスは、「彼の最大の個人的貢献は、一般大衆に状況を適切に解説したことである。彼は私が耳にした他のだれよりも明確に、彼らの問題について状況がどのようなものであるかを説明し、かつ彼らにそれと取り組むように励ました」と語っている。さらにデクスター―アヴェニュー―バプテスト教会の

R＝D＝ネスビットは、「若者たちは彼の中に新しい希望と新しい日の幻を描き、老人たちは黒人イエスを見た」と語っている。

いずれにせよ私たちはこれらの言葉を通して、M＝L＝キングの公民権運動の指導者としての資質の中に、彼のスピーチの占めた比重の大きさを推測できるであろう。

モンゴメリーからアトランタへ

セントラル‐ハイスクール事件　一九五七年六月、キングはアバナシーとともにニクソン副大統領に招かれてホワイト＝ハウスで会談した。会談の成果は、一年後にキング、ランドルフ、ウィルキンズの他に全国都市同盟（National Urban League NUL）のレスター＝B＝グレンジャーをも加えて、改めてホワイト＝ハウス会談を開催するという程度のものであった。両会談ともアイゼンハワー政権の政策に何らかの目に見える影響を与えたようには思われなかった。

だが両会談の合間の一九五七年九月九日に、リンドン＝B＝ジョンソン上院議員の肝入り（きもい）で南部再建（リコンストラクション）以来初めての公民権法が国会を通過し、内容は強制的命令権を欠いた薄弱なものでありながら公民権委員会および司法省公民権部が創設された。弱い出発ではあったが、それでも出発であることには変わりがなかった。

既述したように人種隔離（セグリゲイション）は根の深い問題であった。それは単なる時代遅れの社会制度といった程度の問題ではなく、政治・社会・経済の次元のみならず、宗教の次元までも含めた人間の生き方総体の根底に関わる問題であった。だから、一九五四年最高裁判決の実質化を求めて、黒人たちが学校を始めとする公共機関・施設の統合（インテグレイション）を迫った時、白人支配体制は現状（ステイタスクオウ）の崩壊を促すものとして、死にもの狂いの反動的抵抗を示したのである。

一九五七年九月に発生したアーカンソー州リツルロック市のセントラル-ハイスクール事件もその典型的な例の一つであった。NAACPアーカンソー州会長デイジー＝ベイツは、その夏九人の黒人生徒を白人の名門校であるセントラル-ハイスクールに登録させようと考えた。教育委員会もそのことを認めて、いよいよ九人の生徒が入学登録することになった。だがこの動きに対する白人生徒と両親たちの憎悪感情は極限に達した。そして、白人たちの意向を汲んだオーヴァル＝フォーバス知事は、州兵によって「法と秩序を維持するために」同校を包囲して、黒人生徒たちの入構を妨害した。写真雑誌「ライフ」一九八八年春季特集号は、この時の黒人生徒の一人エリザベス＝エックフォード（一五歳）の姿を大きく記録写真として掲載したが、彼女のうしろで白人生徒たちが憎々しげに、「リンチせよ、リンチせよ」と叫んでいる姿は、三〇数年後の今日から見ても凄絶（せいぜつ）である。

結局、この事件は三週間後にようやく重い腰を上げたアイゼンハワー大統領が、州兵を連邦軍に編入して黒人生徒たちを警護させることによって、一応の解決をみたのであるが、黒人生徒たちに対する嫌がらせは年間を通じて続けられ、この時入学した九人のうちスムースに翌年卒業できたのはただ一人、アーネスト＝グリーンのみであった。後にグリーンは、「私は他の八人に代わって歩んでいるのだと考えていた。……私は壁にひびを入れたのだ」と回想している。

その年の一〇月で、キングはデクスター教会の牧師として三年過ごしたことになる。講演による組織のための資金調達を始め、彼の生活は余りにも多忙であり、かつMIA指導者たちの彼に対する疎外感の問題もあった。彼は教会員への年次報告書の中で、率直に「指導者としての余りにも多くの暗澹たる瞬間」について語り、また「ほとんど毎週、余りにも多くのスピーチを行い、余りにも多くの集会に出席し、余りにも多くの論文を書き、余りにも多くのグループの人々と協議しなければならないために、私は多くの問題の直中にあって、しかも何事も十分になし得ていないという挫折感に陥っている」と述べている。

ジョン＝ルイスとの出会い

だがこのよう挫折感の中で、彼には思わぬ心の躍動も与えられた。それはこの秋彼は、後に学生非暴力調整委員会（Student Nonviolent Coordinating Committee, SNCC）委員長として、彼と密接な関係を持つことになるジョン＝ルイスと出会ったことである。ルイスは、結局は白人からの経済的報復を恐れた両親の反対で不調に終わったが、アメリカン-バプテスト神学校から故郷のアラバマ州トロイの、白人だけの州立大学に転学して、人種隔離撤廃の闘いに参加しようと望んでいた。ルイスからの手紙で相談を受けたキングは、すぐに返信して彼とモンゴメリーで会った。忙しい日程の中からわざわざ時間を割いてアバナシーとともに自分を待っていたキングについて、後年ルイスは貧しい田舎の一介の青年にすぎない自分に対する、キングの鋭い感受性について、感動をこめて回想している。

また一〇月二三日には、キング家に長男のマーティン＝ルーサー＝キング三世が生まれ、両親を喜ばせた。

一九五八年を迎えると、ＳＣＬＣ（南部キリスト教指導者会議）は二月一二日のリンカーン誕生記念日を期して選挙権登録運動を展開することになり、南部の二二の都市での大衆集会を企画した。この企画は「市民権のためのクルーセイド」と名づけられた。そしてこの企画推進のために、ＳＣＬＣはジョージア州アトランタに事務所を設けることになり、初代の専従幹事としてエラ＝ベイカーが選任された。

彼女はほとんど何の人的・物的設備もない事務所でコーディネーターの仕事をすることから始めて、ともかく二月一二日の各地での大衆集会を成功させ、その後も実行幹事（エグゼキュティウ セクレタリー）として残った。だが彼女はしばしばＳＣＬＣのあるべき性格について、キングと意見が衝突した。彼女の目から見れば、ＳＣＬＣは余りにも指導者中心の組織であった。彼女の願いは、何百万の黒人大衆が一人の指導者に目を向けることよりも、黒人共同体自体を組織化することであった。しかしこの時期のＳＣＬＣの指導者たちは、キングを始めほとんどすべてが「召命感を抱いた」男性牧師たちであった。そのためこの問題は後々までも尾を引くこととなった。

六月二三日に、キングはランドルフ、ウィルキンズおよびグレンジャーとともに、ホワイトハウスでアイゼンハワー大統領と会談した。黒人側はランドルフが代表して、公民権問題に関する連邦政府の強制力を伴った強力な支援を要請したが、大統領は注意深く耳を傾けただけで、実際には何もしなかった。キングは大統領の態度不決定の姿勢とともに、情報の貧弱さに失望した。

『自由への大いなる歩み』の出版

九月一七日、キングの最初の著作『自由への大いなる歩み――モンゴメリー物語』がハーパー=アンド=ロウ社から出版された。日本でも岩波新書版で版を重ねているこのキングの処女作については、たとえばジェームズ=コーンなども、「運動のために一日二〇時間も働き、年に三二二、〇〇〇マイルの旅と四五〇回の講演をしていたキングにとって、彼の名前で出版されたすべての著作を自ら書くことは不可能だった」と述べているように、ベイヤード=ラスティン、スタンリー=レヴィソン、ハリス=ウォッフォード等の彼の助言者たちの編集上の手が加えられていることが、今日では周知のこととされている。またこの本の知的核心部分である第六章「非暴力への遍歴」についても、アイラ=ゼップ等はすでに、ラインホールド=ニーバーの絶対平和主義的非暴力論批判についてのキングの理解には、ニーバーの意図についての誤解がある点や、アガペー（神的愛）とエロース（美的愛）の叙述に関して典拠であるアンデシュ=ニーグレンへの言及が欠落している点などを指摘している。

それにもかかわらず、この本がモンゴメリーの黒人運動を全国的に紹介した働きは絶大であった。たとえば、D=ガロウは以下のように述べている。

『自由への大いなる歩み』は、厳密なテキスト批判には耐え得るものではなかったとはいえ、モンゴメリー抵抗運動の物語を広めるという意図された機能は十分に果たした。すなわち、普通の黒人による大衆的行動も、訴訟と同じように、強力な社会変革の手段たり得るし、恐らくより強力なものになり得るという物語であった。

九月二〇日、キングはニューヨーク市ハーレムのブラムスタイン＝デパートで自著に署名中、突然近づいてきた一人の中年黒人女性によってレター＝オプナーで、左胸の上部を刺された。この女性アイゾラ＝カリーは精神錯乱の状態にあり、マッティーワン州立病院に送られた。

キングはすぐにハーレム病院でレター＝オプナーを取り除く手術を受けたが、オプナーは大動脈近くにまで達しており、手術は長時間に及んだ。主任外科医の言葉によれば、もしキングがくしゃみ一つでもしたとすれば、大量出血のために彼の命は絶たれていたであろうということであった。大統領と副大統領をはじめ多くの人々から見舞いの言葉が寄せられたが、この時キングの心を一番慰めたのは、一白人高校生からの手紙であった。

親愛なるキング博士

私はホワイトープレインズ高校の三年生です。こんなことは問題にすべきではないかも知れませんが、実は私は白人の女子高校生です。私は新聞であなたの災難と苦難のことを読みました。そして、もしあなたがくしゃみをしたとしたら、死んでいただろうということを知りました。私はただ、あなたがくしゃみをなさらなかったので、とても嬉しいということをお知らせしたくて、この手紙を書きました。

キングのインド訪問とデクスター教会の辞任

この奇禍の予後の治療中、キングは初めて運動の激務から解放されて、平安のうちに孤独と瞑想の時を持った。それとともに、彼はこの機会にインドのネルー首相からの招聘に応じて、インドへの講演旅行を引き受けることを決心し、一九五九年二月から三月にかけてコレッタ夫人およびＭＩＡの同僚ローレン＝Ｄ＝レディックとともに、インドに旅立った。インドでキングが見出したものは、ガンディーの精神が彼の死後一〇年を経てもなお生き続けているという事実であった。彼はインドにおける英国の植民地支配を終わらせるために、何度も投獄され、断食をし、肉体的危害を加えられながら、終始一貫して暴力を拒否し続けたこの大先輩の生き方に、改めて強く心を打たれた。

インドへの訪問は、今や彼の生の指導原理となりつつあった非暴力直接行動への献身をいよいよ強固なものにしたが、それとともに彼の人間ガンディーへの共感をもますます深くした。帰国後キングはデクスター教会の会員に、ガンディーについて推賞すべき事柄として次の三点を指摘した。

すなわち、第一にガンディーの偉大なる自己批判の能力、第二に彼のほとんど全面的な物的所有の否定、そして第三に彼が公私の生活において示した絶対的自己紀律であった。帰国後の夫キングについて、コレッタは以下のように回想している。

彼はインドから帰国後、ついには「私はいかなる財産も所有したくない。財産は必要ないのだ、家も必要ない」とまで言うようになった。……また彼は「一つの運動(コーズ)に献身している人間には、家族は必要ではない」とも言った。彼には家族があったし、彼はそれを愛し、また欲してもいた。だが彼は言った。「人が家族を必要としない」というのは、彼には家族への義務と同胞への義務について、恐るべき葛藤(かっとう)があるからだ。彼はこの両方の義務を本当によく分っていた。だが彼は人間に奉仕するためには、ある程度まで家族を犠牲にしなければならない、と考えていた。

インドから帰国したキングにとって休息の時は与えられなかった。SCLC専務理事のジョン＝L＝ティリーとエラ＝ベイカーは、黒人選挙権登録運動を推進しようとしていたが、余り成果は上がらなかったし、SCLCの財政は彼らの給料を支払うにも事欠く有様であった。加えて、各都市の抗議運動の強力な統合機関としてのSCLCのあり方を要望している人々の不満も高まっていた。

キングが赴任したエベネザー－バプテスト教会

やむなくキングはティリーに辞任を要求することにし、併せて自らの講演にいっそう没頭していった。

だがSCLCと公民権運動への献身は、キングに別の苦悩をもたらした。それはデクスター教会の牧師としての義務を十分に果たすことができないという葛藤であった。デクスターの信徒たちはキングに、月に一回だけ説教してくれればよいと申し出たが、彼の良心はそれを許さなかった。ついに一一月二九日、彼は意を決して翌年一月末日をもって同教会を辞任したい旨を伝えた。この申し出に応(こた)えて会衆は、「われらを結ぶ心の絆(きずな)は、幸いなるかな」(Blest Be the Tie that Binds 邦語讃美歌四〇三番)と歌った。キングは過ぎ越し六年間の信徒たちとの熱い交わりに思いを致し、説教壇で涙した。

翌一九六〇年一月末、キングはデクスター教会に別れを告げて、アトランタのエベネザー－バプテスト教会に、父M＝L＝キング＝シニアの共同牧師(コウパスター)として赴任(ふにん)した。この当時の心境を彼は次のように述べている。

ほとんどこの四年間というもの、私は一人で五、六人分の仕事をこなしてきた。……私はそこから抜け出せない立場にあった。……

私はただ与えて、与えて、与え続けただけであって、立ち止まって引きこもり、じっくり考える余裕がなかった。もし状況が変わらなければ、私は肉体的、心理的に破綻してしまうだろう。私は自分の人格と生活を再構成しなければならない。……

私はだれかが、私がモンゴメリーを去ることを、公民権運動からの撤退と考えはしないか、という良心の疼きを感じている。実際私はもっと大規模な仕方で公民権運動に参与していくつもりなのだ。今や逃げることはできない。歴史は逃げることができない何ものかを、私に突きつけているのだ。

非暴力直接行動

シットーイン運動とSNCCの結成

モンゴメリーからアトランタへの生活の飛躍は、またキングにとって思想の飛躍の時でもあった。すなわち、それは受動的抵抗(パッシヴ・レジスタンス)から能動的市民的不服従(シヴィル・ディスオビージエンス)への飛躍的転換であった。モンゴメリーの抵抗運動は、どちらかと言うとバスに乗らないという不行動によって勝利を収めた運動であった。だが今やキングは、積極的に行動する、つまり不正な法を破ることによる正義実現の必要性を痛感するようになっていた。

一九六〇年二月一日、恰(あたか)もこのキングの内的展開に呼応するかのように、ノースカロライナ州グリーンズボロにおいて、四人の黒人農工大学生ジョゼフ＝マックネイル、エゼル＝ブレア、デイヴィッド＝リッチモンド、フランクリン＝マッケインは、同市のウールワースストアのランチ-カウンターに座ってサーヴィスを求めたが、断られた。そこは白人客だけに許されたカウンターであるという理由からであった。だが彼らは立ち去ることをせず、閉店までねばって引き揚げた。

この噂(うわさ)は学生たちの間に直ちに広まって、次の日は二〇人以上の学生が加わり、カウンターに座ったまま勉強を続けた。さらに日を重ねるうちに参加者の数はますます増え、ついに週末にはカウンターは閉鎖されてしまった。しかし学生たちは諦めることなく、他の店にも同じ行動を展開して、二週間以内に「シット‐イン」（座り込み）運動はノースカロライナ州全域に広まり、さらに三月末までには全南部の諸都市にまで広まっていった。

いかなる社会制度や習慣でも、長年にわたって守られてきたものを変革することには、抵抗が伴うものであるが、人種隔離制度への挑戦であるシット‐イン運動には、各所で白人側の暴力的圧力が加えられた。抗議運動者たちは火のついた煙草をこすりつけられたり、ケチャップや芥子を頭にかけられたり、あるいは椅子をはずされたりたたかれたりすることもあったが、終始徹底して非暴力を守った。当時ナッシュヴィルの学生であったジョン＝ルイスとバーナード＝ラファイエットは、シット‐イン運動の即席の手引きを書いて、「言い返すな、真っ直ぐ座れ、刺激するな、殴り返すな」と奨めたが、結びでは「イエスとガンディーとマーティン＝ルーサー＝キングの教えを忘れるな。神の祝福を祈る」と勧告した。

キング自身も一〇月一九日のアトランタのリッチ‐デパートでのシット‐インに、学生たちの要請に応えて参加して、不法侵入のかどで逮捕された。この事件はジョン＝F＝ケネディー上院議員の補佐官からの介入もあって、まもなく取り去げられ、キングを除く全員が釈放された。だがキングは以前の交通違反事件の執行猶予違反のかどで引き続きディケイターのデカルブ刑務所に拘留され、次いでジョージア州のライズヴィル刑務所に転送され、四か月の重労働刑を宣告された。この厳しい判決を聞いた妊娠中のコレッタ夫人は、運動に参与以来初めて泣き崩れた。

この時大統領選挙に出馬中のジョン＝F＝ケネディーは、コレッタ夫人に電話をかけ、自分にできることは何でもするから、と言って慰めた。またジョンの弟ロバート＝ケネディーも別の角度から働きかけ、その結果キングは一〇月二七日に釈放された。このことを他のだれよりも喜んだダディ＝キングは、それまでの方針を変えて教会員に対してケネディー支持の態度を明確にした。この時の大統領選は文字通りの接戦で、ケネディーとニクソンの総得票差はわずかに一一八、五五〇票であった。そしてケネディーは黒人票の七五パーセント以上を獲得したのである。後にアイゼンハワー大統領は、たった二つの電話がケネディーにホワイト－ハウスを与えた、と述懐したということである。

ところでキングは、以上のように学生たちによるシット－イン運動に自ら参与したばかりでなく、運動体の組織化にも尽力した。SCLCの実行幹事エラ＝ベイカーの支援のもと、その年の四月にノースカロライナ州ローリーにおいて暫定的に発足し、一〇月に正式の組織として創設された学生非暴力調整委員会（Student Nonviolent Coordinating Committee, SNCC）は、その結晶である。集会では新組織の性格づけをめぐって、SCLCの一翼とすべきか、独立的組織とすべきかについて論議されたが、エラ＝ベイカーもナッシュヴィルの活動家ジム＝ローソンも、後者であるべきだと考えた。そしてSNCCの事務所はアトランタに決まった。

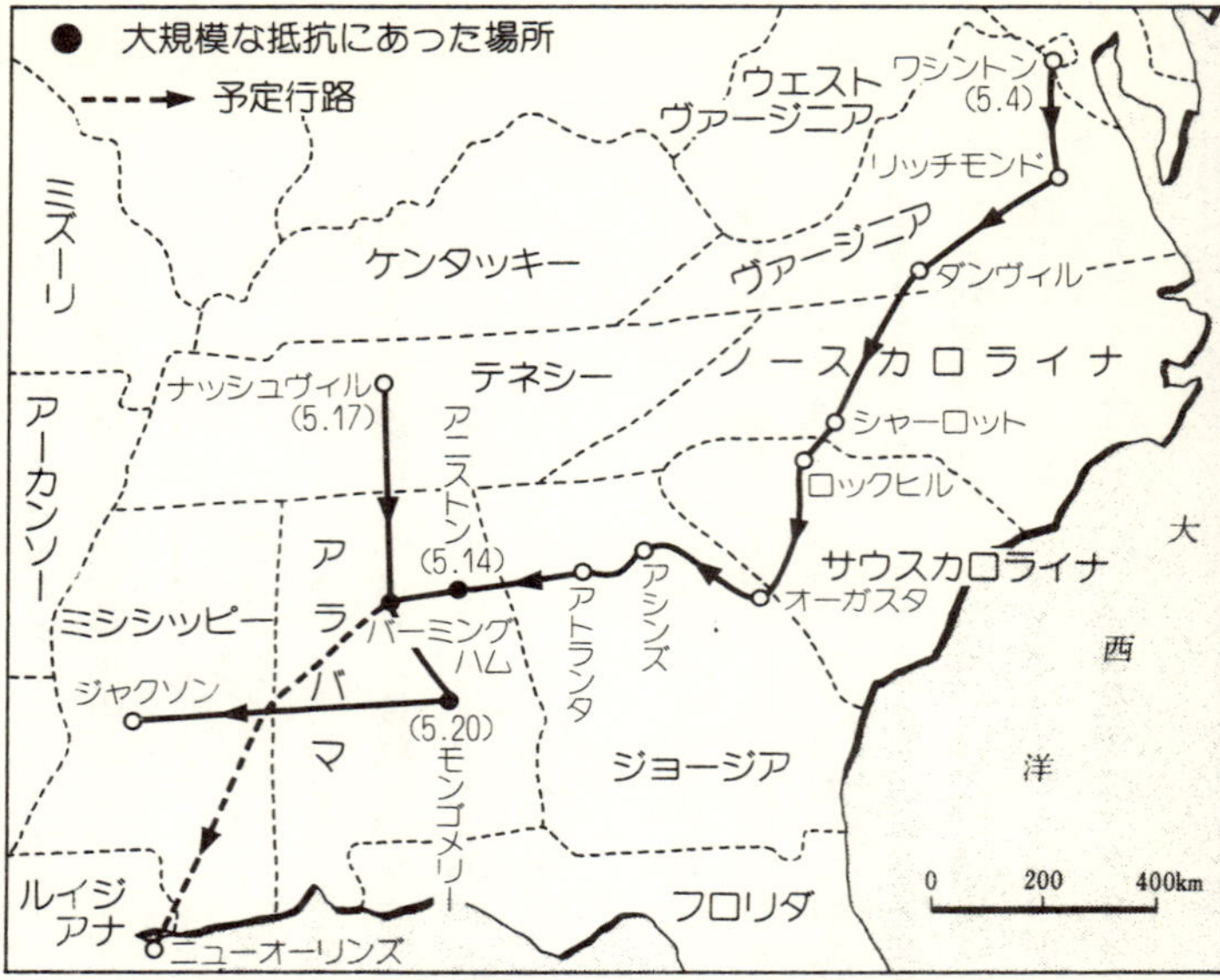

フリーダム-ライダーズの行程（猿谷要著『アメリカ黒人解放史』より）

年が代わって一九六一年一月三〇日、キング家には第三子デクスター＝スコットが誕生した。

フリーダム-ライダーズの出発　次いで三月に入るや、人種平等会議（Congress of Racial Equality, CORE）はSCLCとSNCCの支援のもとに、州際交通機関にシット-インを敢行する新しい運動計画を発表した。そして五月四日、黒人白人のボランティア六組一二人が、COREのオブザーバー一人とともに、通常運行の二台の州際バス、グレイハウンドとトレイルウェイズに乗って、ワシントンD・Cからヴァージニア、ノースカロライナ、サウスカロライナ、ジョージア、アラバマ、ミシシッピーを通ってルイジアナのニューオーリンズまでの旅に出かけた。その目的は各駅の施設の状況を調べ、人種隔離された待合室に座り、ランチ-カウンターでサーヴィスを求めるためであった。彼らはフリーダム‐ライダーズ（Freedom Riders）と呼ばれた。バスはヴァージニアは何事もなく通過した。ノースおよびサウス‐カロライナではライダーズは逮捕されたが、まもなく釈放された。だがアラバマ州に入ると、状況は全く違っていた。五月一四日にグレイハウンド‐バスがアニストンに着くや、鉄棒を持った白人暴徒が彼らを出迎えた。彼らは窓を割り、車のタイヤに穴をあけ、爆弾を投げつけてバスを燃やした。火のついたバスから飛び出そうとするライダーズの何人かは、襲われて打ちのめされた。

一方、トレイルウェイズ‐バスは、バーミングハムに到着したところを凶暴な白人たちに襲われたが、警官たちはただ傍観しているだけだった。この段階でCOREは、ロバート＝ケネディー司法長官の要請もあって、「冷却期間」を置くために一時ライドを中止しようとした。だがライダーズは、ここで中止すれば隔離主義者に暴力を用いればやめさせることができると思わせると、継続を主張した。

五月二〇日、ナッシュヴィルから急派された学生たちの支援を得たライダーズはモンゴメリーに向かったが、そこでも彼らはKKK団を中核とする数百人の白人暴徒に襲われた。学生たちを警護すべき警官は、ここでも暴徒たちの行動を黙認した。白人たちは黒人のライダーズにもちろん暴力を振ったが、それ以上に彼らにとって裏切者である「黒人愛好者（ラヴ ニガー）」に対して強暴に振舞った。たとえば、白人ライダーズの一人ウィスコンシン大学生ジェイムズ＝ズワーグは、チェーンとバットで殴られ血だらけになって倒れた。しかし彼は非暴力を守って殴り返さなかった。そして白人救急車がフリーダム-ライダーズのための出動を拒否したため、静かに黒人救急車が来るのを待った。

このような暴徒の動きはすでに予期されていたが、体制権力はこれを容認していたのである。この事件の数日前アラバマ州知事ジョン＝パターソンは、「アラバマ州民は余りにも怒っているので、私はこれら一握りの扇動家どもの保護を保証することはできない」と声明を発していたし、この日の暴行についても、警官は二〇分も経ってからようやく現れ、初めて催涙ガスを発射しているのである。またパターソン知事は、この段階でケネディー司法長官が約七〇〇名の連邦執行官派遣を決定したことについても、その措置は不必要であり執行官を逮捕するなどとも豪語した。

黒人大衆の冷静さの秘密は「歌うこと」

シカゴに講演のために出かけていたキングとアバナシーは、急遽モンゴメリーに駆けつけ、翌二一日ライダーズ支援のための大衆集会を、アバナシーの牧会する第一バプテスト教会で開催した。夜開かれたこの集会には一、〇〇〇人以上の黒人大衆が集まり、キングは会衆に向かって、現下の危機は「アラバマ州における人種隔離体制に対する大規模な非暴力的攻撃」を要求していると説き、さらに「われわれの体を、不正な体制を打ち破る道具として提供しよう」と訴えた。

だが、キングのこの訴えはまもなく単なるレトリックから現実へと化した。白人暴徒は教会を取り巻き、石や悪臭弾を投げつけたり、駐車中の自動車に火を放ったりした。連邦執行官は催涙弾を発射して静めようとしたが、全く手に負えなかった。そして暴徒はいつ教会に押し入り、放火するかも知れない危険な状態が続いた。

その夜黒人たちは一晩中教会堂に閉じ込められたままであった。教会堂の中の黒人大衆に向かっては冷静を保っていたキングも、地階の事務室からワシントンのロバート＝ケネディー司法長官に電話を入れた時には、恐れのためにパニック状態に陥っていた。結局、パターソン知事も戒厳令を敷き、州兵を派遣したために、黒人たちは翌朝ようやく帰宅することができたが、この夜の彼らの心理的緊張は大変なものであったと推察される。だが彼らはパニックに陥ることもなく冷静を保ち続けることができたのである。

いったいこの黒人たちの冷静さの秘密は、どこにあったのであろうか。この問題は、実は非暴力直接行動による公民権運動を推進した原動力の秘密に迫る鍵でもあるのである。デイヴィッド＝ガロウはその著『十字架を担いて』において、この夜の黒人大衆について、「彼らは讃美歌を歌い続けていた」とだけ簡単に記述しているだけであるが、テイラー＝ブランチは大著『海水を分けて——キング時代のアメリカ　一九五四—六三』（Taylor Branch, *Parting the Waters : America in the King Years 1954-63*, Simson and Schuster, New York, 1988）の中で、その夜の会堂内の様子を以下のように詳しく叙述している。

教会の内側では彼らは古い避難の讃美歌「愛がわたしを高めてくれた」（"Love Lifted Me"）を歌っていた。

愛がわたしを高めてくれた
愛がわたしを高めてくれた
他の何物も助けてくれなかった時に、愛がわたしを高めてくれた
"Love lifted me.
Love lifted me.
When nothing else could help,
Luuuuhhhve lift-ted meeeeee."

執行官たちが前進してくる群衆に向かって催涙弾を発射している間、次から次へと歌がうたわれた。……

説教壇の上ではシーイ牧師が時々讃美歌を止めては、会衆に冷静にしているように勧めた。それから彼はさらに別の歌をうたうように求めた。「みんなで歌って下さいよ。言葉の一つ一つを歌うんですよ！」（"I want to hear everybody sing, and mean every word of it !"）と彼は叫び、

たいていの者がそのようにした。会堂の外側からは、まるで教会が歌で大地から跳び上がっているかのように思われた。

筆者はT＝ブランチによるこの叙述には、刮目(かつもく)に値するものがあると考えている。なぜならここには、公民権運動の一つの重要な側面でありながら、研究者の間でとかく見過ごされがちな「歌う運動(シンギング ムーヴメント)」の側面が生き生きと描写されているからである。もしも、人が死の恐怖の中で目を向けるものこそ、その人の実存を根底から支えるものである、というJ＝H＝コーンのテーゼが正しいとすれば、この場合に黒人大衆を根底から支えたものは、実に「歌うこと」(singing)であったのである。

次の日、一二人のフリーダム‐ライダーズは武装兵士に守られながら、ミシシッピー州ジャクソンに向かって出発した。当時のミシシッピーはアラバマよりさらに危険なところであった。彼らはジャクソンで捕えられ、「牢獄を満たせ(フィル ザ ジェイルズ)」というキングの呼びかけに応じて、二〇〇ドルの罰金を払って釈放されるよりも、二か月間投獄される方の道を選んだ。そして、こうした彼らの犠牲的献身の結果、その年の九月二二日州際交通委員会(インターステイト コマース コミッション)は一一月一日を期して、州境を越える一切のバス・汽車、および維持施設の人種隔離の禁止を実施すると発表した。かくしてフリーダム‐ライド運動は、キングが「われわれの法的闘争における心理学的転換点」と呼んだのに相応(ふさわ)しい歴史的意義を刻印した。

オルバニー闘争の失敗と教訓

フリーダム＝ライド運動によって新しい活力を注入されたSCLCは、このころまでには人的資源の面でも目を見張るばかりに充実してきていた。すでに一九六〇年八月から専務理事に就任していたワイヤット＝T＝ウォーカーは、財政的にも組織的にもSCLCを画期的に前進させていたし、ラルフ＝アバナシーもアトランタのウエストハンター＝バプテスト教会に転任してきていた。その外にもジェイムズ＝ビーヴェル、ドロシー＝コットン、C＝T＝ヴィヴィアン、ダイアン＝ナッシュ、ホゼア＝ウィリアムズ、バーナード＝ラファイエット、ウォルター＝フォントロイ、アンドルー＝ヤング等の錚々たるメンバーが幹部として顔を揃えていた。

一九六一年の暮れにフリーダム＝ライド運動をきっかけに多くの逮捕者を出したジョージア州オルバニーのウィリアム＝G＝アンダーソン牧師らから支援の要請を受けたキングは、同僚とともに同地に赴き、初めて大衆デモ行進による対決の戦術を組んだ。彼は黒人大衆に向かって、「靴をはき一緒に歩こう。そしてわれわれの苦しむ力によって、彼らを疲労困憊させよう」と呼びかけた。オルバニーの黒人たちは、大衆集会と非暴力研修会の後、市役所へのデモ行進、図書館や娯楽施設でのシット＝イン、および徹夜祈禱会等をくり返し行った。また彼らは選択的購買運動を行って、白人商店主たちにランチ-カウンターにおける人種隔離の撤廃と、黒人店員の採用を迫った。さらにはモンゴメリーの場合と同じように、市内バスのボイコット運動をも行った。

だが残念なことに、オルバニーにおいては抗議運動は目に見える形での成果を収めることができなかった。それは一つには、同市の黒人人口が効果的な経済的圧力を加えるに足るだけ多くなかったことと、もう一つには警察部長ローリー=プリチェットの「逆非暴力」戦術が一定の効を奏したためであった。彼は抗議運動に対する体制側の対応を徹底的に研究していて、弾圧はするが、あくまで平和的で丁寧な方法、つまり「非暴力には非暴力で対決する」方法を選び、抗議運動の力を減殺しようとした。そのため連邦政府もオルバニーの問題には一度も介入しなかった。デモ行進者はあらゆる場所で徘徊、無許可行進、治安妨害等の理由で逮捕されたが、プリチェット配下の警官たちは決して警棒を用いたり、消防車で放水したり、あるいは警察犬に噛みつかせたりはしなかった。キング自身も二回も逮捕されたが、その取り扱いはあくまでも慎重であった。

キングはオルバニーの闘いを失敗と認めざるを得なかった。町は彼が去る時も、来た時と同じように、人種隔離がそのまま続いていた。キングと彼の同僚たちは、組織的計画の欠落、指導者間の派閥主義、単一目的の欠如、および警察部長の控え目な戦術等を、失敗の原因として指摘した。一方、ワイヤット=ウォーカーは、オルバニーの状況を「アメリカのジレンマ縮小版」と呼んで、警察部長ローリー=プリチェットについて以下のように総括した。

ローリー＝プリチェットの悲劇は、彼が人種隔離を温存している地域社会の法を執行することと、憲法修正第一条の保障条項（人民の平穏に集会をし、また苦痛事に関し請願をする権利——著者注）を守ることとの間で切り裂かれていたことにある。……私はプリチェット警察部長は心の深いところで、自分の行ったすべての逮捕は憲法に違反しており、アメリカ市民の基本的権利を侵していたことを承知している、と信じている。しかし彼は体制に搦め取られていて、権利および礼儀についての自分の基本的感覚の命令に従うことができなかったのである。……人種隔離体制は警察部長の人間性をも剝ぎ取ってしまったのである」（一九六三年三月二六日、ニューヨーク市五番街ホテルで開催の「市民的不服従と警察行政に関する会議」における講演）。

以上のような失敗にもかかわらず、キングはオルバニー闘争において、全黒人人口の五パーセントが非暴力的大衆行動に応答した点を高く評価した。そしてここで初めて導入された新しい抗議行動の形態——大衆的示威行動——は、次の闘いの中で積極的に生かされることになるのである。

Ⅳ　公民権法の成立

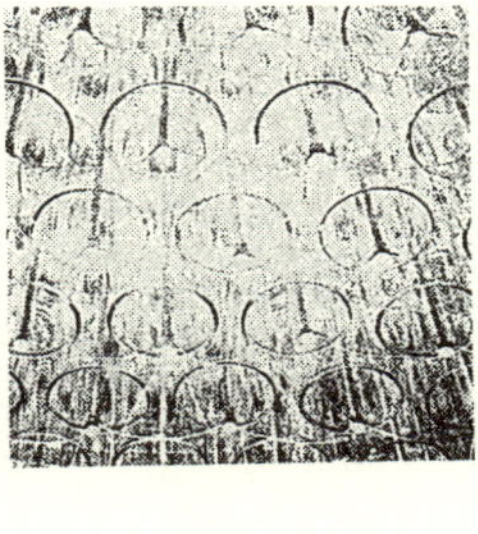

バーミングハムの闘い

バーミングハムを闘いの拠点に　一九六三年はリンカーン大統領による奴隷解放宣言（Emancipation Proclamation）発布一〇〇周年記念の年にあたっていた。それゆえ、「一九六三年までに自由を」は、黒人たちの闘いの標語になっていた。八年前の公教育における人種隔離撤廃を「できるだけ慎重な速度で」（with all deliberate speed）進めるように命じた最高裁「ブラウン第二判決」は、完全に、「非常に遅い速度で」（with very deliberate delay）に読み替えられていた。そしてアラバマ州バーミングハムは南部でも特に人種隔離の激しい町であった。この町には、「ブル＝コナー」と渾名（あだな）されていた人種隔離主義者の警察部長セオフィラス＝ユージン＝コナーが君臨していた。

一九六二年の夏遅く、キングはフレッド＝L＝シャトルワース牧師らの招請を受けて、バーミングハムを闘いの拠点にすることを決意した。彼は「もしバーミングハムを打ち砕くことができれば、南部における非暴力運動全体の方向が決定づけられる」と考えた。キングはシャトルワースおよびワイヤット＝ウォーカーと相談して、「プロジェクトC」（〝C〟は対決（コンフロテイション）を意味する）と名づける作戦計画を立て、その年の秋に実行することを考えた。だが、キングとその組織が町に来ることを何とか食い止めようと意図した白人商店主たちは、トイレのドアに掲げてある「白人用（ホワイト）」「黒人用（カラード）」の標識を除去することを約束し、一旦はプロジェクトCを延期させることに成功した。しかしこのことに対して、ブル＝コナーらは直ちに介入し、商店主たちはそれに屈してしまった。こうしてプロジェクトCは再び実行に移されることになった。

ところがそこにプロジェクトCが、またもや延引される要因が生じた。それは、それまでバーミングハムの政治はコナーともう二人の行政委員（コミッショナー）によって運営されてきていたが、一九六三年の春からその権限が市長と市議会に移譲されることになったからであった。そしてブル＝コナーは有力な市長候補であった。彼の二人の対立候補も人種隔離主義者であることには変わりなかったが、彼よりは穏健であった。そこで、黒人による直接行動が白人たちの敵意を駆り立てて、コナーに票に流れることを恐れたキングは、プロジェクトCを選挙が終わるまでさらに延期することにした。彼はオルバニーでの苦い経験を踏まえて、バーミングハムの闘いを何とか勝利に導きたかったのである。

三月二八日、キング家に第四子バーニス＝アルバタインが生まれた。その直後の四月三日、「バーミングハム‐ニューズ」紙はアルバート＝バトウェルの市長選勝利を祝って、「バーミングハムに新しい日始まる」と報じた。だが、選挙の結果が出たにもかかわらず、コナーともう二人の行政委員は、彼らの任期の切れる一九六五年まではその職責を続けると言い張った。こうしてバーミングハムには当面二つの行政権力が併存することになった。

キングは新しく市長に当選したバトウェルも所詮、「品位あるブル＝コナーにすぎない」との判断から、選挙の翌日から運動を開始した。キングと同僚たちは、この「全国で最も人種主義的な町」での長期にわたる闘いに備えて、まず温和なシット―イン運動から始めた。そして最初の日から夜間、大衆集会を開いた。

歌うことの重要性とデモ参加者の「十戒」

筆者はすでにフリーダム―ライド運動について述べたところで、「歌うこと」の重要性に触れたが、バーミングハム闘争においても、それは同じように重要な意義を担った。キングは彼の著『黒人はなぜ待てないか』（*Why We Can't Wait*, Harper and Row, 1964）の中で、そのことについて以下のように述べている。

> 大衆集会の一つの重要な部分は自由歌であった。ある意味で自由歌は運動の魂であった。それは運動を活気づけるために考案された、巧妙な言葉からなる単なる呪文のようなものではなく、アメリカの黒人史と同じくらい古いものであった。それは奴隷たちがうたった歌の変え歌——悲しみの歌、歓喜の歌であり、また戦闘歌、運動歌であった。私は人々がそれらの歌のビートとリズムについて語るのを聞いたことがあるが、運動の中では、われわれはその言葉によっても励まされたのである。「今朝私は心が自由になって目が覚めた」（“Woke Up This Morn-

ing with My Mind Stayed on Freedom."（奴隷歌の"Jesus"を"Freedom"と言い替えた——著者注）という歌詞は、音楽が伴わなくてもよく分る言葉である。われわれは今日自由歌を、奴隷たちが歌ったのと全く同じ理由で歌うことができるのである。なぜならわれわれもまた束縛されているのであり、自由歌は「われら（ウィー）は勝たん（シャル オウヴァーカム）、黒人（ブラック）と（アンド）白人（ホワイト）は必ずともに（トゥギャザー）ならん、いつの日か（ウィー シャル）われらは勝たん（オウヴァーカム サムデイ）」という決意に、希望を添えてくれるからである。

このような大衆集会は、いろいろな教会で毎晩のように開かれたが、歌うことによって気分が高揚した後には必ず、指導者たちによる非暴力（ノンヴァイオレンス）の勧めが続いた。そして集会の最後には、教会の礼拝で行われる回心への招きのように、デモ参加への招きが行われ、多くの黒人たちが二〇人、三〇人と群をなして、ボランティアに名乗り出た。

しかもこれらのボランティアたちは、次のような「十戒」を守るべく、誓約を要求されたのである。

1　日ごとにイエスの教えと生涯について瞑想（めいそう）せよ。

2　バーミングハムにおける非暴力運動は、正義と和解を求めるものであって、決して勝利を求めるものではないことを、常に覚えよ。

3　愛の精神で歩き、かつ語れ、なぜなら神は愛であるから。
4　万人が自由になるために、神に用いられるよう、日ごとに祈れ。
5　万人が自由になるために、個人的願望は捨てよ。
6　味方だけでなく、敵に対しても、普通の礼儀作法を守れ。
7　他者と世界のために、絶えず奉仕するように努めよ。
8　こぶしと舌と心の暴力を抑えよ。
9　精神と身体の健康を保て。
10　運動と、デモの指揮者の指示に従え。

不正な法を破ることの決意

だが、このような抗議者側の徹底した自制的非暴力主義にもかかわらず、体制側は仮借なき暴力的弾圧で対応した。四月六日の市役所に向けてのデモ行進を手初めに、抗議運動は連日続けられたが、コナー警察部長は裁判所からデモ禁止命令を引き出し、これで抗議運動を抑え込むことができると思い込んだ。ところがこれに対してキングは、「これは法と秩序を守るという口実のもとに遂行される、剝き出しの専制政治である。われわれはあらゆる良心に照らして、このような法的手続きを誤用した、不正で非民主主義的、かつ憲法違反の禁止命令には従うことはできない」と宣言した。キングはそれまで裁判所命令を破ったことがなかった。しかしここで彼は初めて不正な法を破ることを決意したのである。こうして市民的不服従と非暴力直接行動とが合流することになったのである。

そして四月一二日にはキング自身が僚友アバナシーとともに逮捕され、独房に拘留された。その同じ日、ユダヤ教の教師(ラビ)を含む八名のアラバマ州の著名な聖職者たちが、キングの直接行動を非難する公開声明を発表した。この声明に対してキングは四月一六日付で、「バーミングハムの獄中からの手紙」(Letter From Birmingham Jail)を書き、非暴力直接行動の必然性と論理を展開した。この「手紙」はキング思想を知る上できわめて重要な資料であるので、別に項を改めて紹介することにしよう。

消火水で建物に押しつけられた運動参加者

さて、プロジェクトCによる抗議運動の展開中、最高時には二、五〇〇人以上の抗議者がバーミングハムの獄を埋めつくしたが、就中(なかんずく)苛烈だったのは、五月三日から五日にかけてのデモ行進において、「ブル」コナーが配下の警官に対して、行進中の若者や子供たちに警察犬を噛(か)みつかせたり、消火栓を開いて放水させたことであった。無抵抗の子供たちが圧力の強い消火水で、次々と路上にたたきつけられた。だがこの様子は直ちに全国および国外にまで報道され、ついにケネディー政権もバーミングハム問題に介入せざるを得なくなった。

一九六三年六月一一日の夕、ケネディー大統領はテレビ放送を通して全国民に呼びかけた。

われわれは根本的には道徳的問題に直面しているのである。この問題は聖書と同じように古く、アメリカ憲法と同じように明白な問題である。……リンカーン大統領が奴隷解放を行ってから一〇〇年の遅延の時が流れた。……だが今やこの国がその約束を果たすべき時がやってきた。バーミングハムその他で起こっている出来事は、いかなる市や州や立法府も今や無視できないほど、平等への叫びを増大させている。……私は合衆国議会に対してこの一世紀の間果たしてこなかった決断的行動を、アメリカ的生ないし法には人種の占める位置はないとの提案を行って、要請するつもりである。

キングは喜びの余り大統領に宛て、同演説は「過去の大統領演説の中で最も雄弁で深淵、かつ率直な、正義と万人の自由への訴えを含んだものの一つ」であるとの感想をこめた電報を打った。しかしこの大統領演説が行われた日の翌早朝、ミシシッピー州ジャクソンにおいてNAACP幹事メドガー＝エヴァーズが、帰宅したところを待ち伏せしていた凶漢によって暗殺された。エヴァーズは公民権活動家の最初の犠牲者となった。

バーミングハムの獄中からの手紙

なぜ直接行動を行うのか　この手紙は、最初八名の聖職者たちの声明の載った新聞紙の余白に書きとめられ、それからある好意ある黒人模範囚が提供してくれた紙片に書かれ、次いでキングの弁護士たちが差入れを許された便箋（びんせん）にまとめられたものである。相当長文の手紙であるが、キングはそのことについて、「人は狭い独房に入れられた時に、長い手紙を書いたり、長い思索をしたり、長い祈りをしたりするほかに、いったい何ができるであろうか」とコメントしている。だが、はしなくも以上の言葉が暗示しているように、この獄中書簡はキングの長い思索と祈りの跡を滲（にじ）ませており、キング思想を理解するための絶好の資料である。私たちは今この手紙を以下の四点に分けて紹介することにしよう。

まず第一点は、なぜ今バーミングハムへか、という問題である。当然予想されることであるが、キングはなぜ余所者（アウトサイダー）なのにこのバーミングハムにやってきたのか、という批判を受けた。この批判に対して、彼はまず形式的に自分がここに来たのはSCLCの加盟団体である「アラバマ・キリスト教人権運動」の要請によるものだ、と指摘した後に、「だがもっと根本的には、私がバーミングハムにいるのは、ここに不正義が存在するからだ」と断言している。それはあらゆる共同体の相互関連性（インターリレイテッドネス）に関係している。「ある場所の不正義は、あらゆる場所の正義にとっての脅威である。われわれは今や、一つの運命で結び合わされた相互性（ミューチュアリティー）という、逃れることのできない網目（ネットワーク）に捕えられているのだ」。だからこの国の住民なら、だれも余所者（よそもの）などではないのである。

しかも自分たちはここでも、非暴力運動の四段階——不正の存在の確認、交渉、自己浄化（セルフピュリフィケイション）、直接行動——をきちっと踏まえて、今の行動を行っているのである。バーミングハムは全国でも稀（まれ）に見る暴力的人種隔離の町である。われわれは状況判断として待つべき期間は待ち、交渉すべきは交渉してきた。だがもはや直接行動を準備する以外に、残された選択肢はなかったのである。

第二点は、なぜシットーインとかデモ行進のような直接行動を行うのか、という問題である。この問いに対するキングの答えは実に端的である。「われわれが行っている直接行動の目的は、どうしても交渉への扉を開かざるを得ないような危機状況を作り出すことである」。新しく選ばれたバトウェル市長となぜ交渉しないのかというのが、聖職者たちの申し立てであった。そこでキングは相手の論理に乗りつつ、直接行動の必然性を指摘するのである。たしかに交渉は自分たちの目的でもある。だがその交渉が現実化するためには、力の緊張が作り出されなければならない。たといバトウェル氏が個人的にはより穏健であったにしても、彼が人種隔離体制の代表であることには違いがないのである。ここでキングは彼の現実認識をラインホールド＝ニーバーの名を挙げながら次のように述べている。

バトウェル氏がコナー氏に比べてずっと穏和であったとしても、彼らはともに人種隔離主義者で、現状（ステイタス クオウ）の保持に献身している点では相違はない。私はバトウェル氏が人種隔離撤廃に断固反対することの無益さを知るだけの、物分りのよさを持って欲しいと希望してきた。だが彼はこのことを、公民権運動者たちの圧力を受けることなしには、理解しないであろう。親愛なる友人たちよ、私は断固たる法的かつ非暴力的圧力をかけることなしには、われわれは公民権におけるたった一つの勝利さえも獲得できなかったことを、申し上げなければならない。悲しむべきことに、特権集団が自発的にその特権を放棄することはめったにないというのが、歴史の事実なのである。個人はあるいは道徳の光を見て、その不正な姿勢を放棄するかも知れない。だが、ラインホールド＝ニーバーが想起させてくれたように、集団は個人よりも非道徳に陥りがちなのである。

われわれは経験の痛みから、自由は決して抑圧者から自発的に与えられるものではなく、被抑圧者から要求されねばならないものであることを、知っている。

被抑圧経験から生み出された現実主義

これはニーバーの名と論理を用いて表現されているが、その内実は三四〇年に及ぶ黒人の被抑圧経験から生み出された現実主義（リアリズム）である。「恐らく人種隔離の突き刺すような痛みを感じたことのない者にとっては、『待て（ウェイト）』と言うことはやさしいことかも知れない。だが、悪辣（あくらつ）な暴徒に母や父を思いのままにリンチされ、姉や兄を気まぐれに溺死（できし）させられた経験を持つ者には……また六歳になる娘に、突然舌をもつれさせ、言葉を口ごもりながら、テレビで宣伝されたばかりの公共遊園地に行ってはならない理由を告げ、水飲み場を黒人の子供は使えないことを知ったその娘の目に涙が溢（あふ）れるのを見る者には……待つことは難しいことを、理解していただきたい」。

次いでキングはこの関連で、「法を破る（ブレイク ローズ）」ことに言及している。彼はこの問題を正しい法（ジャスト ロー）と不正な法（アンジャスト ロー）の区別を提示することによって説明している。「正しい法とは、道徳法ないし神の法に合致する、人間の作った法規のことである」。そして不正な法とは、道徳法と調和しない法規のことである。不正な法は、アウグスティヌスによれば、そもそも法ではないとも言える。人間の人格を高める法は正しい法であるが、低めるものは不正な法である。その意味であらゆる人種隔離の法規は、魂をゆがめ人格を損うがゆえに不正な法である。「だから私は人々に、一九五四年最高裁判決には従うように勧める。なぜなら、それは道徳的に正しいからである。だが人種隔離の法規には従わないように勧める。なぜなら、それは道徳的に間違っているからである」。

ところでここで重要なことは、以上のような不正な法を破る行為が単なるアナーキーに陥らないためには、その行為者がそのことを公然と、愛情をこめて、かつ喜んで懲罰（ちょうばつ）を受ける意欲を持って行う必要がある。彼らは共同体の良心を喚起するためにのみ、そのことを行わなければならない。彼らはそのことによって、実際には法そのものに対する至高の敬意を表明しているのである。

これは換言すれば、市民的不服従（シヴィル ディスオビーディエンス）と呼ばれてきた事柄である。そしてその先例は、すでに旧約聖書「ダニエル書」のネブカデネザル王に屈しなかったシャデラク、メシャク、アベデネゴの三青年や、不正なローマ帝国の法を拒絶した初代のキリスト者、また近くは巨大な市民的不服従の代表例となったボストン茶会（ティー パーティ）事件等に見られる。逆にアドルフ＝ヒトラーのなした行為は「法的（リーガル）」になされたことも銘記されなければならない。

創造的過激主義

さて、キングがこの手紙において取り上げている第三点は、白人穏健派（モダリット）および白人教会への失望の問題である。キングにとって黒人の自由への歩みにおける大いなる躓（つまず）きの石は、白人市民会議やＫＫＫ団のようなあからさまな反動的集団よりも、むしろ「正義よりも『秩序』を望み……積極的平和よりも、緊張の不在にすぎない消極的平和を好む白人穏健派」であった。彼らに対するキングの失望は、現下の事態についての彼らの皮相な理解にあった。「善意の人々の皮相な理解は、悪意の人々の絶対的誤解よりも、やり切れない気持ちを起こさせる。

家族と食事をするキング

生温い受容はあからさまな拒絶よりも、迷惑なものである」。

まず第一に彼らは、現下の緊張が黒人が不正な窮境を受動的に受け入れている消極的平和から、すべての人々が人格の尊厳を認められる積極的平和に至る、必然的な経過的局面現象であることを理解していない。今黒人社会には二つの相対立する勢力がある。一つは長年にわたる抑圧のために隔離体制に順応してしまっている黒人たちと、一定の安定した生活を享受している黒人中産階級からなる自己満足的勢力であり、もう一つは苦々しさと憎悪の魂になっている、黒人イスラム教運動に代表されるような黒人ナショナリストたちである。彼らはアメリカへの信頼を失い、キリスト教を絶対的に否認し、白人を矯正(きょうせい)不能な「悪魔(デヴル)」と断定している。幸いにして黒人キリスト教会がこれら二つの勢力の中間にあって、非暴力による抵抗運動を展開しているからよいが、もしそうでなければ、またもし白人の兄弟たちがこの人々を、「暴徒(ラブル)扇動者(ラウザー)」とか「余所者アジテイター」などと呼んで切り捨てるならば、その行きつく先は恐るべき人種的悪夢であることは不可避的である。

次に彼らは、自由への希望は必ず顕在化するものであり、今アメリカ黒人に起こっていることはまさにそのことであることを、理解していない。「意識すると否とにかかわらず、彼は時代精神(ツァイトガイスト)に捕えられているのであり、アフリカの黒人兄弟や、アジア、南アメリカ、カリブ海諸島の褐色、黄色の兄弟たちとともに、合衆国の黒人は今こそという緊急性の感覚に促されて、人種的正義の約束の地をめざして前進しているのである」。それなのに彼らは誤れる時間の神話に捕えられて、ただただ拱手(こうしゅ)傍観して問題の解決を時の流れに委ねているのである。

さらに白人穏健派が理解していない問題に、創造的過激主義がある。聖職者たちはバーミングハムの黒人運動を、過激主義と呼んで非難している。だが考えてみれば、ユダヤ・キリスト教とアメリカ民主主義の創造的力は、常にその時代に挑戦した過激主義にあったのではなかっただろうか。イエスは愛の過激主義者ではなかったのか。アモスは正義の過激主義者ではなかったのか。パウロはキリストの福音のための過激主義者ではなかったのか。また、「この国は半分奴隷で半分自由人では生きていけない」と言ったエブラハム＝リンカーンはどうか。さらには、「われわれはこれらの真理を自明のものとして承認する。すなわち、すべての人は平等に造られ……」と言ったトマス＝ジェファーソンは過激主義者ではなかったのか。「恐らく南部とこの国、そして世界が緊急に必要としているのは、このような創造的過激主義者であろう」。

だが、このような創造的過激主義を失ってしまったアメリカのキリスト教に、キングは限りなく失望するのである。

　私は今までアラバマ州やミシシッピー州や南部のあらゆるところを歩み回ってきた。暑苦しい夏の日や、すがすがしい秋の朝などに、私は南部の天に向かって聳(そび)え立つ尖塔のある美しい教会堂を眺めてきた。また教会の巨大な宗教教育会館なども印象深く眺めてきた。そして、何度も自分に向かって問いかけてきた。『ここではどういう人々が礼拝しているのだろうか。彼らの神とはどういう神なのだろうか。バーネット（ミシシッピー州）知事の唇から介入と無効化（連邦最高裁判決などに州権の独立性を主張してとった反抗的態度――著者注）の言葉がしたたり落ちた時、いったい彼らの言葉はどこにあったのだろうか。またウォーレス（アラバマ州）知事が挑発と憎悪の声を鳴り響(ひび)かせた時、いったい彼らはどこにいたのだろうか。傷つき疲れ果てた黒人たちが自己満足の暗い地下牢から立ち上がって、輝かしい創造的抗議の丘に登ろうと決意した時に、いったい彼らの支持の声はどこにあったのだろうか。

公民権運動はキリスト教の真正性を問う運動

　キングはこの失望の嘆(なげ)きを、単なる宗教批判の言葉として発しているのではない。むしろ、幼少の時から牧師の息子、孫、また曾孫として育ち、かつ生涯を教会に献(ささ)げている者として発しているのである。だからその嘆きはいよいよ深いのである。「私は深く失望して教会のだらしなさに泣いた。……然り、私は教会をキリストの体と考えている。ああ、だがわれわれはその体を、社会問題への無関心と、反体制派と見なされることへの恐れから、どれほど汚し、また傷つけてきたことだろう」。

ここでキングは初代キリスト教のラディカリズムに視点を向ける。あの時代の教会は、人々に人気のある思想や原理を表示する温度計のようなものではなく、「社会の慣習を変革する温度調節器のようなものであった」。それゆえキリスト者は「平和の撹乱者」、「余所者扇動者」などと呼ばれて断罪されたのである。だが彼らは「われらの国籍は天にあり」との確信のもとに、数においては少数派であったが、その献身度の強さによって、ついに幼児殺しや剣闘技のような古代の悪習を終わらしめたのである。

しかし今日の事態は全く異なっている。余りにもしばしば今日の教会は、確信のない音調で語る弱い無効力な言葉しか発していない。余りにもしばしばそれは現状の主要擁護者となっている。普通の共同体の権力機構は、教会の存在によって悩まされるどころか、教会の無言の――そして時には有声の――現状承認によって慰められてさえいるのである。

だがこのような教会に対して、神の裁きは未曾有の仕方で差し迫っている。もし今日の教会が初代教会の犠牲的精神を回復しないとすれば、教会は自己の真正性を失い、何百万という人人から離反されて、ついには二〇世紀の時代には無意味な社交クラブとして見捨てられてしまうであろう。私は教会に対する失望が率直な嫌悪感に変わっている若者たちに、毎日出会っている。

以上はキングがモンゴメリーのバス・ボイコット以来、八年間にわたって携わってきた公民権運動の実体験と、今また出会っているアラバマ州の代表的聖職者たちの現状擁護の宗教観に直面しての真情吐露の言葉である。

筆者はここで一つのコメントを加えておきたい。それはキングが黒人たちとともに闘った公民権運動は、一面においてたしかに政治的、社会的運動であったとともに、他面においてキリスト教の真正性を問う運動でもあったという点についてである。これは聖書の中で使徒パウロが「違った福音」（ガラテヤ人への手紙一章六節）と呼んでいる事柄に対応する問題である。

以上のような白人キリスト教会の現状に対するキングの失望と批判の視点からすると、白人教会人たちは黒人に加えられているあからさまな人種的、経済的、不正の直中で、「単に傍観者的立場で敬虔ぶってはいるが無関係な宗教的瑣事を口ばしっているだけ」ということになる。だが、白人教会人の視点に立つと、黒人たちの闘っている問題は「単なる社会問題であって、それは福音が関わる真の問題ではない」ということになるのである。

いずれが聖書的原意識に近いか

いったいこの視点の相違は何に起因するのであろうか。筆者はこの問いに対する答えの鍵を、キングの以下の言葉に見出したいと思う。「私は多くの教会が全く他界的な宗教に身を献げてしまっているのを見てきた。それは肉体と魂、聖なるものと俗なるものとの間に、奇妙な非聖書的区別を設けている宗教である」。後に黒人解放の神学を構築したジェイムズ＝コーンは、「人々が神、イエス＝キリスト、および教会について思惟することは、所与の社会における彼ら自身の社会的、政治的地位から切り離すことができない」と述べて、信仰理解ないし神学における社会的先験性の影響力の大きさを指摘しているが、私たちは公民権運動に対する黒人教会と白人教会の対応の違いに関するかぎり、そのことを否定することができないように思われる。

つまり白人キリスト教における社会的先験性とは、アメリカ社会における彼らの支配者としての社会的存在と、それと切り離しがたく結びついている安定志向の意識のことであり、黒人キリスト教のそれは、被抑圧者としての社会的存在と、そこから生み出される解放志向の意識のことと言うことができよう。したがってキングが指摘している、肉体と魂、聖と俗とを二分法的に分ける白人キリスト教の他界的性格は、まさに彼らの社会的先験性に規定された主観的意識が生み出した宗教意識と言うことができるのである。そして人種隔離の現状に挑戦していった黒人キリスト教の統合論的性格は、常に抑圧の現状からの解放を切望する、彼らの社会的意識と結びついて生み出された特性ということができる。

そしてここで問題なのは、この二つの宗教意識のうち、いずれの方がより聖書的宗教の原意識に近いかということである。この点についてジェイムズ＝コーンは、前述の事柄との関連で「私は黒人神学の社会的先験性の方が、聖書的啓示の価値論的視点にいっそう近いと信じている」と述べているが、ここでいきなりそのような結論的判断を提示することの是非はともかくとして、私たちは少なくとも、キングが実践的経験の中から激しく問いかけている、キリスト教の真正性の問題に対しては、真剣に立ち向かわなければならないであろう。

最後に、「獄中からの手紙」について私たちが注目すべき第四点は、以上のような極度の失望にもかかわらず、なおキングが抱き続けている希望の問題である。キングは既存の（白人）教会に失望の余り、自分の目を内的な霊的教会、真のエクレシア（「呼び集められた者たち」を意味するギリシア語——著者注）に向けるべきかも知れないと自省しつつも、結局そのような抽象化の方向に逃避することなく、あくまでも現実の地上の教会の中に希望の源泉を求めている。

キングが希望を繋ぎ得た第一の源泉は、既成の白人教会の「身動きのできない順応の鎖」を断ち切って、行動的パートナーとして自由への闘いの戦列に加わった「いくらかの気高い魂」である。

彼らは安定した教会を去って、ジョージア州オルバニーの街路をわれわれとともに歩いてくれた。彼らはまた、苦悶に満ちたフリーダムーライダーとして、南部のハイウェイを下ってくれた。然り、彼らはわれわれとともに獄にさえ降ったのである。ある者は彼らの教会から解雇され、監督や同僚牧師たちの支持を失った。だが彼らは、敗れた正義は勝った悪よりも強いと信じて行動したのである。まさに彼らは、この悩み多き時代に福音の真の意味を温存してくれた霊の塩の証人となったのである。彼らこそは暗い失望の山に希望のトンネルを掘ってくれた人人である。

アメリカの運命と結びついた万人のための闘い

だがこれ以上にキングの希望に力強い源泉を提供したものは、あの過酷な奴隷制のもとで自由を求めて止まなかった黒人父祖たちの不屈の信仰であった。しかもこの自由探求の不屈の信仰的伝統こそ、実はアメリカ全体の目ざす目標でもあるのである。だとすれば、自分たちの闘いは、単に黒人だけの解放の闘いに終わるものではなく、まさに「アメリカの運命」と結びついた万人のための闘いであるから、決して挫折することはあり得ない。これがキングの確固たる希望の根拠であった。

私は教会全体がこの決定的瞬間の挑戦に応じてくれることを望んでいる。しかし、たとい教会が正義の支援者とならなくても、私は未来に対して全く失望していない。また私はこのバーミングハムの闘いの結果についても、たといわれわれの動機がこの時点で誤解されているとしても、全く恐れてはいない。われわれはバーミングハムにおいても、全国至るところにおいても、自由の目標に必ず到達するであろう。なぜなら、アメリカの目標は自由だからである。たといどんなにわれわれが虐待され、蔑まれたとしても、われわれの運命はアメリカの運命と結びついているのだ。

巡礼父祖たちがプリマスに上陸する前から、われわれはここにいた。二世紀以上にもわたって、わが先祖たちはこの国で賃金もなしに働いた。彼らは綿花を王者の地位に引き上げ、とんでもない不正な取り扱いと辱しめを受けながら主人の家を建てた。しかもなお底知れない活力を発揮して、彼らは繁栄と発展をし続けた。もし言語に絶する過酷な奴隷制をもってしてもわれわれを押し留めることができなかったとするならば、われわれが今直面している反動などは必ず失敗するであろう。われわれが繰り返し提示している要求の中には、この国の聖なる遺産と神の永遠の意志とが具現されているのだから、われわれは必ず自由を勝ち取るであろう。

そしてこのような希望の根拠に立って将来を展望するならば、今は強暴な力で正義の探求者たちに迫害を加えている南部も、やがていつの日か真の英雄たちを認識するようになるであろうと指摘して、キングは一九六二年に暴徒の冷笑と敵意に身をさらしながら、ただ一人ミシシッピー大学に入学して孤独の道を歩んだジェイムズ＝メレディスや、モンゴメリー＝バスーボイコット運動の中で、

「私の足は疲れているが、魂は安んじている」と言って歩き続けた老婦人、さらには勇気ある非暴力的手段によってランチ‐カウンターに座り込み、良心のゆえに喜んで獄に降っていった学生や若い牧師たちを挙げて、この手紙を結んでいる。

「これらの見捨てられた神の子たちがランチ‐カウンターに座った時、彼らは実にアメリカ（アメリカン）の夢（ドリーム）の最良のものと、ユダヤ・キリスト教的伝統の最も聖なる価値観のために、立ち上がったのである。そしてそのことによって、彼らはこの国を、建国の父たちが独立宣言と憲法の制定によって掘り深めた、偉大なる民主主義の源泉へと呼び戻したのである」。

「民とともに」の視点

この結びの部分には、これ以後ますます深化されていったキング思想の最も特徴的な部分が先駆的に語られている。それは「民とともに（ウィズ・ザ・ピープル）」の視点である。キングはすでにバーミングハム闘争までの歩みの中で、さまざまな絶望的体験に出会っている。だが彼がその絶望的体験を乗り越えて、繰り返し希望に立ち返れたのは、実に彼がその一員としてともに歩んだ彼の民（ヒズ・ピープル）の存在によるものであった。その民とは直接的には彼と同人種の黒人たちであったことは言うまでもない。だがそれはあくまでも自由のために闘う同胞であり、そのかぎりともに闘う白人たちをも含み込んでいく民であった。この思想はやがて彼の最晩年には（といってもわずか五年後のことであるが）、すべての貧しき人々にまで広げられていくことになる。だがいずれにせよ、キングの思想は完全に近代的個人主義を越え出た共同体的なものであった。

私はそれでもなお夢を持つ

バーミングハムの闘いは、五月一〇日に両人種の代表者の間で最終的な協定が結ばれ、公共施設における人種隔離の撤廃、黒人への実業界の雇用の拡大と地位向上、逮捕されている運動参加者たちの釈放、および両人種間の意志交流機関の設置等が確認された。だが、五月一一日夜キングの実弟A＝D＝キングの家とキングの宿泊先であるギャストン－モーテルに爆弾がしかけられ、幸い人的災害に至らなかったものの、混乱した町に州兵が投入されたため、ケネディー大統領は州兵を連邦軍に編入するとともに、三、〇〇〇人の連邦軍をバーミングハム近郊に待機させた。次いで五月二〇日には、連邦最高裁がバーミングハム市の人種隔離法を違憲と裁定した。そして、この闘いの勝利の気運は全国の諸都市に波及していった。そこでキングを始めとする公民権指導者たちは、この高まりに乗じて白人の労働運動指導者や聖職者たちと共同して、「仕事と自由のためのワシントン大行進」(March on Washington for Jobs and Freedom)を計画することになった。

仕事と自由のためのワシントン大行進

一九六三年八月二八日、全国から結集した行進参加者たちはワシントン記念塔からリンカーン記

25万人が集まったワシントン大集会

念堂までの約一マイルの距離を、「われらに自由を（ウィー・ウォント・フリーダム）」と歌いながら歩いた後、午後一時にカミラ＝ウィリアムズの「星条旗」の歌唱とともに開会が宣言された時には、二五万人の人々が記念堂前に集まっていた。集会はA＝フィリップ＝ランドルフの司会で進められ、公民権運動指導者たちが次から次へと聴衆に向かってアピールした。各人に与えられた時間はわずか五分であった。その中で聴衆は特にSNCC委員長ジョン＝ルイスの言葉に引きつけられた。「われわれはうんざりしているのだ。警官に鞭（むち）打たれ、繰り返し繰り返し獄に繋（つな）がれることにうんざりしているのだ。それでもあなたがたは『がまんせよ』と言う。いったいいつまでがまんできると思うのか。われわれが欲しいのは自由だ。それも今欲しいのだ！」と、彼は咆哮（ほうこう）した。

キングはその前の晩、アンドルー＝ヤング、ラルフ＝アバナシー、ワイヤット＝ウォーカー、ウォルター＝フォントロイ等とともに夜を徹して、この日のスピーチの構想を練った。だが五分間では何も語れない、とだれしもが考えた。そこですべては神のみ心に委ねることにした。

さて当日ホイットニー＝ヤングの後を受けて壇上に立ったキングは、力強いバリトンの声で、「今から一〇〇年前、われわれが今日その象徴的な姿の前に立っている、一人の偉大なるアメリカ人が奴隷解放宣言に署名した」と静かに語り出した。聴衆は一瞬にして静まり返った。この冒頭の言葉は日本文に翻訳してしまうと、全くそのニュアンスを失ってしまうが、これは一〇〇年前になされたリンカーン大統領の名演説「ゲティスバーグ＝アドレス」の冒頭の言葉に対応した言い回しである。

リンカーンはあの演説を、「今から八七年前、われわれの父祖たちはこの大陸に、自由の精神にはぐくまれ、すべての人は平等につくられているという信条に献げられた、新しい国家を打ち建てた」という言葉から始めている。そして、「今から八七年前……」の原文は“Fourscore and seven years ago…”である。キングはこの言い回しを受けて、「今から一〇〇年前……」を“Fivescore years ago…”と表現しているのである。キングのこのスピーチは全部で一八分ほどかかっているが、以上のような形式においてのみならず、内容においてもゲティスバーグ＝アドレスに比せられる歴史的演説となった。だがその内容は既述した「バーミングハムの獄中からの手紙」の中で詳説している事柄を、圧縮的に語ったものである。

物理的暴力が魂の力と出会う荘厳な高み

キングはまず、奴隷解放宣言以来一〇〇年経った今も、黒人の生活は依然として人種隔離の手かせと人種差別の足かせで縛られた悲しむべき状態に置かれている、そこで自分たちは建国の父祖たちが、いわば憲法と独立宣言において署名した「約束手形」ないし「小切手」を「現金化する」ために、ここに集まったのだ、ということから説きおこし、次いで「今の時の緊急性」について訴えている。「今こそ、まさに正義をすべての神の子たちにとっての現実とすべき時である」。

だが、この正義実現のための闘いは、あくまでも無法な行動に陥ってはならないものである。「われわれは創造的抗議から物理的暴力を生じさせるようなことをしてはならない。繰り返し繰り返しわれわれは、物理的暴力が魂の力と出会う荘厳な高みへと、登っていかなければならない」。今黒人共同体を飲み込んでいる新しい戦闘的精神が、すべての白人に対する不信へと赴くようなことがあってはならないのである。なぜなら、白人兄弟の中の多くの人々が、「彼らの運命はわれわれ黒人の運命と結びついており」、「彼らの自由はわれわれの自由と解き放ちがたく結び合っている」ことを、理解するようになっているからである。「われわれは一人では歩けないのである」。

ここでキングは公民権運動に対して発せられる、「いつになったら満足するか」という問いに目を向ける。黒人が警察の残虐行為の言語に絶する恐怖の犠牲になり、「われわれの子供が自我を剝ぎ取られ、『白人専用』という標識によってその尊厳を奪われているかぎりは、満足することはできない。『公道が水のように、正義がつきない川のように流れる』（アモス書五・二四——著者注）ようになるまでは、満足するわけにはいかないのだ」。この聖句は、キングがモンゴメリーの時以来繰り返し用いてきた聖句である。

次にキングは、集会参加者の中にいる迫害と試練を受けた人々、「刑務所の房から出たばかりでやってきた人々」に注意を喚起して、「あなたがたは創造的苦難の古参兵（ヴェテランズ）である。どうか、自ら招かずして受ける苦難は贖罪的（リデムプティヴ）である、との信仰をもって活動し続けて欲しい」と励ましている。

私はそれでもなお夢を持つ

そしてこの後、このスピーチのタイトルとして人口に膾炙（かいしゃ）するようになった「私は夢を持つ（アイ ハヴ エ ドリーム）」という言葉を繰り返している。だが、これはキングのおかれた当時の状況と、このスピーチ自体の文脈からして、「私はそれでもなお夢を持つ（アイ スティル ハヴ エ ドリーム）」と訳されるべき言葉であると思う。

さてわが友よ、われわれは今日も明日も困難に直面しているが、私はそれでもなお夢を持つと申し上げたい。それはアメリカの夢に深く根ざした夢である。私はいつの日かこの国が立ち上がって、『われらはこれらの真理を自明のものとして承認する。すなわち、すべての人は平等に造られ……』という、その信条を生き抜くようになるであろう、という夢を持っている。私はいつの日かジョージアの赤土の丘の上で、かつての奴隷の子孫と奴隷主の子孫とが、兄弟愛のテーブルに一緒に座るようになるであろう、という夢を持っている。……そして私は、私の四人の小さな子供たちがいつの日か、皮膚の色（カラー）によってではなく、人格の深さ（コンテント）によって評価される国に住むようになるであろう、という夢を持っている。私は今日夢を持っている！
また、私はいつの日か次のみ言葉が必ず実現するであろう、という夢を持っている。

「もろもろの谷は高くせられ、
もろもろの山と丘は低くせられ、
高低のある地は平らになり、
険（けわ）しいところは平地となる。
こうして主の栄光があらわれ、
人はみなともにこれを見る」（イザヤ書四〇・四、五——著者注）。

以上述べた後、最後にキングはこの夢（ドリーム）を希望（ホープ）と信仰（フェイス）という言葉に言い換えた上で、二つの歌を引用してこのスピーチを閉じている。

これがわれわれの希望である。これが私が南部に持ち帰る信仰である。……この信仰をもってすれば、われわれはいつの日か自由になるのだということを知りながら、ともに働き、ともに祈り、ともに闘い、ともに投獄され、ともに自由のために立ち上がることができる。この日こそすべての神の子たちが新しい意味をこめて、「わが祖国、そは汝（なんじ）のもの、麗（うるわ）しき自由の国、われは汝を称（たた）う。わが父祖たちの死せる国、巡礼父祖の誇れる国、さらばすべての山々から自由の鐘を鳴り響（ひび）かせよ」と歌うことができる日である。そしてアメリカが偉大であるべきだとするならば、このことが真実にならなければならない。……

　こうしてこのことが起こる時、すなわち、われわれがすべての村や集落、すべての州や町から自由の鐘を鳴り響かせる時、その時こそわれわれが、黒人も白人も、ユダヤ人も異邦人も、プロテスタントもカトリックも、すべての神の子たちが手に手を取って、あの古い黒人霊歌を口吟（ずさ）むことができる日を、早めることができるのである。「ついに自由になった、ついに自由になった、全能の神に感謝すべきかな、われらはついに自由になった」。

聖句と讃美歌に新しい意味をこめて

　以上紹介したキングの「夢」スピーチについて、筆者のコメントを若干つけ加えておきたい。ペネロープ＝O＝マックフィーはフリップ＝シュルケとの共著『記憶されたキング』(Flip Schulke and Penelope O. Mcphee, *King Remembered*, W.W. Norton & Company, New York, 1986) の中で、このスピーチについて、「彼のスピーチは……公民権法案についての、よく整理された法的申立て書のようなものでも、またアメリカの黒人の窮状についての知的論文のようなものでもなかった。それはキリスト教の用語と民主主義の精神から練り上げられた熱烈な説教（サーモン）であった」と述べているが、筆者はさらにこれに「黒人の（ブラック）」を付加したいと思う。キングのスピーチは黒人バプテスト説教者（プリーチャー）としてのキングのそれとして聞く時に、初めてその真価が理解されるのである。

黒人キリスト教会の礼拝を特徴づけるものは音楽である。これはそもそも奴隷制の時代に読むことも書くことも禁じられた黒人が、自分たちに唯一残されたアフリカ的要素として、歌うことを通して自己表現をしたことにそのルーツがあると思われる事柄であるが、礼拝の中での説教もまたきわめて音楽的である。

ところで私たちは、この視点からキングの「夢」スピーチをどのように分析できるであろうか。まず第一はリズムと呼応（レスポンス）の要素である。このスピーチをテープやレコード、あるいはフィルムを通して生の声で聞いてみるとよく分ることであるが、初め静かに語り出したキングは聴衆の激しい応答に促されて、次第に高揚して熱気鋭く頂点に登りつめていく。聴衆はあたかもオーケストラの奏（かな）でるシンフォニーに酔いしれているかのようである。この場合リズムと呼応を増進するのに役立っているのが繰り返し（レピティション）である。有名な「私は夢を持つ（アイ ハヴ エ ドリーム）……」の繰り返しは、このことに限りなく貢献しているのである。

第二は聖句と讃美歌の頻繁な引用である。この短いスピーチの中に、キングは二つの聖句と二つの讃美歌を引用している。これらはいずれも聴衆が幼少時から読み慣れ、また歌い慣れてきたものである。しかもキングはこれらの記憶された聖句と讃美歌を、人権への闘いという全く新しい文脈の中に位置づけている。それはアメリカ人のだれもが第二の国歌として歌う「わが祖国」の引用に際して、「新しい意味をこめて」と強調していることに典型的に示されている。聖書のテキストを新しいコンテキストに正しく位置づけて、現代における新鮮な意味を引き出すことこそ、説教者の務めである。

終末論的希望を「予め味わう」

そして第三は「予め味わう」終末論的希望の成就である。このスピーチはしばしば、このスピーチの行われた歴史的文脈から取り出されて、独立的な演説として聞かれるために、キングの「夢」の持つ終末論的意義が薄れてしまいがちであるが、実際にはこの「夢」は現実の「悪夢」の直中で語られたものである。すなわち、このスピーチの行われた一九六三年八月二八日の前後だけに絞って悪夢的事件を拾い上げてみても、直前の六月一二日には既述のようにミシシッピー州ジャクソンにおいてメドガー＝エヴァーズが殺されているし、直後の九月一五日にはアラバマ州バーミングハムにおけるデモ行進の集合点になっていた第一六番通りバプテスト教会が爆破され、聖歌隊のローブ着用中の少女四人が殺され、二一人が負傷している。そしてその二か月後の一一月二二日には連邦議会に画期的な公民権法案を提出していたジョン＝F＝ケネディー大統領が、テキサス州ダラスにおいて暗殺されている。

ケネディー暗殺のニュースをアトランタで聞いていたキングは、コレッタ夫人に向かって、「私も四〇歳までは生きられないだろうな」と呟いたという。以上がキングがおかれていた悪夢の状況である。そして私たちのもとには、このことを裏書きする次のような資料も残されている。それはキングが彼自身の死の数か月前に語った言葉である。

私はあの夢について語った数週間後に、あの夢が悪夢に変わった最初の経験を覚えている。それは四人の美しい、だれをも傷つけたことのない、無邪気な少女たちがアラバマ州バーミングハムの教会で殺された時のことである。また私はこの国のゲットーに入って、黒人の兄弟姉妹たちが物質的繁栄という大洋のまっ直中にある貧困の孤島で滅んでいくのを見た時に、夢が悪夢に変わるのを見た。……然り、私は個人的には遅延した夢、破砕された希望の犠牲者である。だが、それにもかかわらず、私は今日、なお夢を持つと申し上げて、この説教を閉じたいと思う。なぜなら、人生にはあきらめるということがありえないからである。……それゆえ、今日私はそれでもなお夢を持っている」（一九六七年クリスマス－イヴ、エベネザー－バプテスト教会における「平和についてのクリスマス説教」）。

黒人説教者たちは奴隷制以来、先の見えない絶望的な歴史的現実の直中で、神による自由と解放の到来を、ひたすら説教（サーモン）の出来事（イヴェント）の中で説いてきた。そこで説かれる神の未来は、単なる他界性ではなく、現実との対峙（たいじ）であり、現実の超克（ちょうこく）を意味した。その場合説教とは聖書の言葉の単なる知的解説ではなく、語り口自身が神の聖霊の現臨を証するものであった。そして、ジェイムズ＝コーンによれば、「黒人教会における語り口と意味の関係を、マーティン＝キングほど的確に理解した者は他にいない。……人々は説教の出来事自体の中で予め（あらかじ）味わっている（foretaste）がゆえに、自由は到来しつつあるのだ、と信じたのである」。

それゆえ「夢」スピーチの結びで、キングが黒人霊歌「ついに自由になった（フリー・アト・ラスト）」を引用して、「黒人も白人も、ユダヤ人も異邦人も、プロテスタントもカトリックも、すべての神の子たちが」この歌を口吟（ずさ）む日の到来を早めるようにと招いた時、聴衆はたとい一瞬の出来事であったとはいえ、まさに神の終末論的出来事を予め味わうことができたのである。今アトランタのM＝L＝キング－センター構内にある彼の墓碑には、この黒人霊歌が“Free at last, Free at last, Thank God Almighty, I'm Free at last.”として刻まれている。

悲劇を越えて

フロリダ州セント－オーガスティンの闘い　一九六四年一月三日発行のニュース雑誌「タイム」は、M＝L＝キングを前年度の「年の人（マン・オヴ・ザ・イヤー）」に選び、「行動と説教を通して、彼は同胞の心に、希望を育て不正を窒息させるキリスト教的忍耐心を奮起させた」と称（たた）えた。だがキングの心はフロリダ州セント－オーガスティンに向けられていた。セント－オーガスティンはアメリカ最古の町で、その年四〇〇年祭を迎えようとしていた。キングはこの町に次の焦点を当てて世論を喚起しようと考えた。

だがこの古都の人種隔離体制は予想以上に強固で、五月二八日には昔の奴隷市場で跪（ひざまず）いて祈っていたデモ行進者に、KKK団員が「黒んぼ（ニガー）には神はいない」と叫びながら棍棒で殴りかかっても、警官は道をあけてなすがままに任せていた。そしてキングとアバナシーも、人種隔離を行っているレストランに立ち入って（スタンド・イン）いるところを、「欲せられざる客」として逮捕、投獄された。黒人の抗議に対抗して開かれた白人デモ行進者に向かって、J＝B＝ストナー弁護士は、「わが国の憲法が、すべての人は平等に造られ……と規定した時に、それは黒んぼども（ニガーズ）のことを言ったのではない」とさえ豪語した。

ＫＫＫ団と警察とが完全に一体化しているセントーオーガスティンについて、キングはこの町は未曾有の無法社会であると、ジョンソン大統領に訴えたが、公民権法の成立に腐心していた連邦政府は、介入をためらった。そして六月二五日には、野放しの暴力は頂点に達し、八〇〇名のＫＫＫ団がＳＣＬＣのデモ隊に襲いかかった。ワシントン政府からの支援の得られないＳＣＬＣは、こうして全くの手詰り状態に陥り、ついに闘争本部を解かざるを得なくなった。

またこのころから北部都市のある黒人たちは、キングの非暴力的抵抗の哲学に厳しい批判的態度を示すようになっていた。こうしてキングは両側面からの攻撃にさらされるようになったのである。すなわち、一方からは運動の進展が性急に過ぎると批判され、他方からは余りに遅すぎると非難されたのである。キングの非暴力に対する信念はいささかも変わることがなかったが、都市黒人たちの増大する苛立ち(いらだ)には彼は理解を示すことができた。

三人の青年の死とＳＮＣＣの急進化

こうした状況の中で、一一月の大統領選挙を控え夏の民主、共和両政党の大会が近づくにつれて、キングは以前にも増して街頭の闘いから投票所の闘いへの移行の重要性を痛感するようになった。そこで彼は連合組織会議（Council of Federated Organizations, COFO）が立てたミシシッピー夏期計画(サマー・プロジェクト)を強力に支持した。だがここでも大きな悲劇が起こった。

COFOのこの計画に参画して、SNCC（学生非暴力調整委員会）はこの夏一、九〇〇人の主として白人の青年からなるボランティアをミシシッピー州に派遣して、黒人の選挙権登録運動に従事した。そして八月一六日にこの計画が正式に終了するまでに、一、〇〇〇人が逮捕され、三〇戸の家が爆破され、三五の教会が焼かれた。さらに三五人が銃で撃たれ、八〇人が殴打され、そして六人が殺された。この中でも残酷な事件はアンドルー＝グッドマン、マイケル＝シュワーナー（二人とも白人）とジェイムズ＝チェイニー（黒人）の三人の青年の死であった。

一九六四年六月二一日、この三人の青年はミシシッピー州フィラデルフィアに、焼き打ちにあった黒人教会を調査に出かけた帰途、消息を絶った。彼らの逮捕に関わったネショバ郡保安官ローレンス＝レイニーと保安官代理セシル＝プライスは、彼らを六時間拘束した後釈放したと言い立てた。だが実際には、彼らは保安官や保安官代理を含むKKK団の手によって殴打の上暗殺されていたのである。

この事件に対してジョンソン大統領は、二一〇人の海兵隊員を派遣するとともに、連邦捜査局(FBI)に全面的な捜査を命じた。その結果、六週間後の八月四日に、彼らの死体がフィラデルフィアの南西六マイルのところに新しく作られた農業用池の盛り土の下から発見された。特に黒人チェイニーの遺骸は腹と背、そして頭を無残に打ち抜かれていた。三人の死は参加者たちの心を凍らせると同時に、いっそう献身の決意を固めさせた。

ところで殺人罪はもともと州法で裁くべき犯罪であった。だがミシシッピー州においては、白人が黒人に対する殺人罪で、州法の適用を受けて裁かれた例はなかった。そしてこの場合にも州裁判所は、この件に関する法的手続きを取らなかった。結局、容疑者とされた一八名は連邦裁判所において、生命および自由に対する憲法上の権利剝奪(はくだつ)の共謀罪(コンスピラシー)のかどで裁かれ(この場合、最高刑でも一〇年の懲役、または五、〇〇〇ドルの罰金)、しかも保安官代理セシル＝プライスを含む七人が有罪とされただけであった。レイニー保安官は無罪放免された。それでも白人だけからなる陪審員が、公民権事件に関わる殺人事件で有罪の評決を下したことが、画期的なことと評されたのである。

この夏SNCCのロバート＝モーゼスとジェイムズ＝フォーマンに率いられたミシシッピー自由民主党(Mississippi Freedom Democratic Party, MFDP)は、アトランティック－シティで開催された民主党大会に乗り込んで、白人のみのミシシッピー代議員のあり方に挑戦した。キングは彼らの主張を支持してMFDPの議席獲得のために尽力した。ジョンソン大統領の側近たちは、彼らのために二議席を象徴的に与え、白人代議員にそのことを認めさせるという妥協案を提示した。キングはこの妥協案を成果として、彼らを説得するよう努力した。

だがSNCCの青年たちは、この提案に激しく抵抗して、自分たちはたった二議席のためにわざわざ来たのではない、あくまでも議席を二分すべきだと主張した。そしてこのためにMFDPは、この妥協案を支持したSCLCと、それを拒否して会議場にピケを張ったSNCCとの間に分裂してしまった。この事件はSNCC急進化の契機となったが、シットーイン運動からフリーダムーライド、さらには選挙権登録運動の中で常に暴力にさらされ、仲間の死を直接的に体験してきた彼らにとって、このような妥協案が前途迂遠（うえん）に思われたことも、まことに止むを得ないことであった。だが同時にアトランティックーシティにおけるこの民主党大会での挫折の結果、多くの青年たちが精神的に疲れ果て、運動から遠のいて行ったことも事実であった。そして残った部分はやがて黒人ナショナリスト運動の方向に傾斜していった。

公民権法の成立とノーベル平和賞の受賞

一九六四年はキングにとって次々と心身消耗的事件の続いた年であったが、彼の苦悩を和らげる大きな出来事も二つほどあった。一つは七月二日にジョンソン大統領の署名によって成立した「一九六四年公民権法」であった。これは南北戦争後の再建期（リコンストラクション）以来初めての最も包括的な公民権立法であり、その規程の中には黒人に対する大幅な投票権と公共施設への接近の保障、司法長官へのそれら施設の人種隔離撤廃のための告訴権の承認、および連邦政府資金による諸計画で差別撤廃を推進しないものへの資金援助の停止、等を含んでいた。ジョンソン大統領は法案の署名にあたって、この法律の目的はいかなるアメリカ市民をも特別扱いしない点にあることを明らかにした上で、「神のみ前で平等である者は、今や投票所、教室、工場、ホテル、レストラン、映画館、およびその他の公共施設においても平等である」と語った。

もう一つは、一〇月一四日健康診断と休息のためアトランタの病院に入院中のキングのもとに、一九六四年度ノーベル平和賞受賞の知らせが届いたことであった。この知らせは気落ちしていたキングにとって、深い謙遜のうちにも大きな喜びであった。だが彼はこの受賞を決して彼個人の栄誉とはとらえず、二、二〇〇万アメリカ黒人の自由獲得のための公民権運動への評価と考えた。そして一二月一〇日ノルウェー・オスローでの受賞記念講演では次のように語った。

> 私はアラバマ州バーミングハムで、われわれの子供たちが兄弟愛を求めたのに、消防車のホースによる放水と、歯をむき出した警察犬と、さらには死の応答を受けたのが、つい昨日のことであることを忘れることができない。またミシシッピー州フィラデルフィアで、投票権の獲得を目ざした若者たちが虐待された上、殺されたのが、つい昨日のことである

キングが受賞したノーベル平和賞

ことを、忘れることができない。……

それゆえ私は、なぜこの平和賞が仮借（かしゃく）なき闘いに苦悩しながら参与している運動に対して、与えられたかについて問わないわけにはいかない。なぜなら、この運動はまだノーベル平和賞の本質である平和と兄弟愛の獲得には、到達していないからである。そこでいろいろ考えた末、私は次のように結論するに至った。すなわち、私がわれわれの運動に代わって受けるこの平和賞は、非暴力こそがこの時代の決定的に重要な政治的および道徳的問題への答えであること、つまり人間が暴力に訴えることなく抑圧に打ち勝つ必要な道であることを、意味しているということである。

また、彼はこの受賞を運動へのいっそうの献身を確認する機会として理解し、帰途立ち寄ったニューヨーク−ハーレムの教会でのスピーチでは、自分は山の頂に登ってきたが谷に戻らなければならないと語り、「谷には飢えている人々がいる、仕事のない人々と投票権のない人々がいる。……希望を必要としている人々、出口を見出す必要のある人々がいる」と述べた。

アラバマ州セルマへ

一九六五年を迎えて、山頂から戻ったキングが下っていった谷はブラック−ベルト、アラバマ州のセルマであった。セルマの黒人人口は、市の総人口の過半数をわずかばかりであるが越える一五、〇〇〇人ほどであったが、選挙権登録をすませている黒人は三五〇人しかいなかった。セルマにおける選挙権登録運動は、すでにSNCCによって一年半にわたって展開されていたが、ダラス郡保安官ジェイムズ＝G＝クラークの手によって徹底的に弾圧されていた。セルマでは一切の公的集会が許されず、三人以上が一緒に路上を歩くことも禁止されていた。だがキングは、バーミングハムの運動が「一九六四年公民権法」を生み出したように、セルマにおける運動がさらに徹底した投票権法を生み出すことを願っていた。黒人が自らの運命を決め得るのは、投票権による以外にないと信じていたためである。

セルマにおける闘いは、選挙権登録がなされるダラス郡役所をめぐって進められた。だが黒人たちは長時間列をつくって待たされた挙句、事務所が閉じられたので、また別の日に来るようにと指示されたり、申請書の記載事項に瑣末なことで文句をつけられて反故にされたりした。

そこで二月一日、キングとアバナシーは登録事務の遅延に抗議して二六〇人を率いて、郡役所までただ一緒に歩くだけの抗議行動を起こした。だがこの行動に対して、ウィルソン＝ベイカー公安部長は全員を無許可行進のかどで逮捕した。この時キングはアバナシーとともに保釈の手続きを取らず、五日間獄中に拘束される道を選んだ。

二月三日、キングが獄中にいた間に、戦闘的黒人ナショナリスト、マルコムXがSNCCの招きでセルマを訪れ、ブラウンズ-チャペル-アフリカン-メソジスト監督教会で演説した。マルコムXは六歳の時に父親を人種差別主義者の手で殺され、黒人社会の最底辺を彷徨し、やがて刑務所の中で自己の価値に目ざめた人間として、キングとは対照的に「アメリカの悪夢」を説き、「アメリカの良心は破産している。……彼らが悪を除去するのは、ただそれが彼らの存在を脅かす時だけだ」と主張していた。

それゆえ、マルコムの突然のセルマ来訪の報に驚いたSCLCのアンドルー＝ヤングとジェイムズ＝ビーヴェルは、コレッタ＝スコット夫人を急遽呼び寄せて警戒の救援を依頼した。だが、マルコムは集会に先立ちコレッタ夫人に、「私はキング博士に、私がセルマに来たのは、彼の仕事をむずかしくするためではないことを知って欲しい。本当は、私が来ることが彼の仕事を少しでも容易にできるのではないかと考えてやってきた。もしも白人たちがもう一つの残された道が何であるかを理解したら、もっとキング博士の言うことに耳を傾けるようになるのではないかと思う」と語った。この日の午後監獄にキングを訪ねたコレッタ夫人は、マルコムの誠意ある対応を彼に語った。

しかしこのことがあって二週間後の二月二一日、マルコムXはニューヨーク市において、彼の最近の国際的視野の広がりを理解しない偏狭な黒人ナショナリストの手先に暗殺された。前年一九六四年四月から五月にかけてのハジ(イスラム教徒のメッカ巡礼)を始めとする数回にわたるアフリカおよびヨーロッパへの旅行を通して、マルコムXの思想は人種の差を越えた「人権」(human rights)に向かって開かれ、「アフリカ系アメリカ人統一機構(OAAU)」という新政治組織を通してその実を実らせようとしていたのである。

「血の日曜日」

三月七日、ブラウンズ－チャペルに集まった約六〇〇人のデモ隊は、モンゴメリーまでの五四マイルの行進に出発した。これは二月一八日にセルマの近郊三〇マイルほどのところにあるマリオンで、州警察に銃撃されて死んだ黒人青年ジミー＝リー＝ジャクソンに対する仕打ちに抗議するために、キングとSCLCが計画したデモ行進であった。彼らは州都で彼らの抗議と主張をジョージ＝ウォーレス知事につきつけようと考えた。

二人一組になって静かに始まった行進は、ブロード－ストリートまでの最初の六ブロックは何事もなく過ぎた。ところがデモ隊は、エドマンド－ペッタス－ブリッジを渡って、モンゴメリーに通じるハイウェイ八〇号線に近寄ったところで、州警官隊によって阻止された。この日暴力発生を予測してデモ指導を避けるように勧告した側近たちの意見に従って、アトランタに帰っていたキングに代わってデモ隊を指揮していたホゼア＝ウィリアムズが話し合おうとしたが、隊長のジョン＝クラウドは取り合わず、直ちに解散して引き返すように命じた。

しかしデモ隊は引き返さずにそのままにそこに静止していた。すると警官隊は前進してきて警棒や催涙ガスを用いて非武装のデモ隊を橋の手前まで押し返した。デモ隊は咳き込み、泣き叫び、嘔吐した。橋のこちら側ではクラーク保安官の率いる武装自警団が待ちかまえていて、押し返されて

デモ隊に襲いかかる警官隊

きたデモ隊にさらに殴打を加え流血の惨事を増し加えた。ブラウンズーチャペルに引き返したデモ隊は六〇人以上が傷の手当てを受け、一七人が重傷で病院に運ばれた。この状景は数時間のうちにテレビを通じて全世界に放映されるとともに、各新聞も一斉に「血の日曜日（ブラッディーサンデー）」の見出しで報道した。

三月九日、州政府も警察も黒人を守ってくれないことを痛感したキングの呼びかけに応じて集まった四五〇人にのぼる牧師、司祭、ラビ（ユダヤ教教師）たち聖職者を含む一、五〇〇人のデモ隊は、再びブラウンズーチャペルからペッタスーブリッジを越えたところまで前と同じコースを進んだ。ところがそこで州警官隊が見守る中、キングは突然立ちどまって跪（ひざまず）いて祈り、向きを変えて引き返した。これはジョンソン大統領から派遣された連邦地域社会関係調整委員長リロイ＝コリンズの、連邦地方裁判所デモ中止命令違反を回避するための調整案に従った止むを得ざる行動であった。デモ隊の中には裏切られたと感じたり、あくまでも強行突破を主張したりする者もいたが、ともかくもすべての人々はキングの指揮に従った。
だが、こうした調整による平和もまもなく打ち砕かれた。黒人経営のレストランで夕食をすませた三人の、デモ参加のためにセルマに来ていたユニテリアン教会の白人牧師が四人のKKK団員に襲われ、残虐な殴打を受けたのである。四人の暴徒は、「お前らは本当の黒んぼ(ニガー)になるということがどういうことか知りたいんだろう」と叫びながら打ちかかり、三人の牧師のうちジェイムズ＝リーブ牧師は暴徒の振り回す棍棒で頭を砕かれて、ついに意識を回復することなく落命した。

セルマからモンゴメリーへの行進を実現

三月一五日の夕、七、〇〇〇万のアメリカ国民はジョンソン大統領の両院合同会議における特別メッセージに耳を傾けた。大統領はセルマの事件を顧(かえり)みながら、「この国ではアメリカ市民のいかなる同胞から投票権を奪うことも、致命的な間違いである」と指摘し、議会は速やかにためらうことなく、政府が新しく提出する法案を通過させて欲しいと要請した。彼はまたセルマのデモ行進を支持して次のように述べた。「歴史と運命は時々一つの場所、一つの時に会して、人間の絶えざる自由探求に転換点を作ることがある。一世紀前のアポマトックスがそうであったし、先週のアラバマ州セルマがそうである。……セルマで起こった出来事は、アメリカのあらゆる地域、あらゆる州にまでゆきわたる、より大きな運動の一部分である。それはアメリカ的生の十全なる祝福を自分のために獲得しようとするアメリカ黒人の努力である。

だが彼らの目的はわれわれの目的でもなければならない。人間をだめにしてしまう偏狭と不正の遺産を克服（オウヴァーカム）しなければならないのは、ただ黒人だけの責任ではなくて、われわれすべての責任である」。そして彼は最後にゆっくりと心をこめて、「そうすればわれら（ウィー）は（シャル）勝たん（オウヴァーカム）」と言って演説を結んだ。

この演説をテレビで聞いていたキングは、深い感動にとらえられて思わず涙を流した。それまで彼の同僚たちは、彼が泣くのを見ることはほとんどなかった。だが、「ジョンソン大統領が『われら（ウィー）は（シャル）勝たん（オウヴァーカム）』と言った時には、キング博士の目に本当に涙が流れた」と、ジョン＝ルイスは回想している。

三月二一日、連邦地方裁からの正式の許可と、大統領命令により連邦軍に編入された州兵の警護のもとに三、〇〇〇人のデモ隊は、ブラウンズ－チャペルから州都モンゴメリーに向けて五日間の行進に出発した。血の日曜日からちょうど二週間目、キングはデモ隊とともに全く同じ行程を進んだ。ペッタス－ブリッジを過ぎてからは、裁判所命令により最初の八マイル以降は三〇〇人だけが行進を続けた。途中暗殺計画のニュースなども入ったが、キングは最後までデモ隊の先頭に立った。そして、ついに二五日、全国から集まった支援者を加えて二五、〇〇〇人に脹（ふく）れ上がったデモ隊は、デクスター街を通って終結点であるアラバマ州会議事堂前に到着した。モンゴメリー市の黒人がバス－ボイコット運動に決起してからちょうど一〇年目のことだった。

キングの霊感に満ちたスピーチ　キングは高揚した群衆に向かって、「彼らはわれわれがここに来ることはないと言った。……だが、全世界は今日、われわれがここに来たこと、またわれわれがアラバマ州の権力の前に立って、『われわれはもうだれにも引き戻されない』と歌っていることを、知っている」と挨拶した。あちこちから「そうです(イエッサー)！　そうです(イエッサー)！」「もっと(スピーク)！　もっと(スピーク)！」の声が上がった。キングは二年前の「夢」スピーチ以来初めての霊感に満ちたスピーチを、以下の言葉をもって締めくくった。

われわれは今や前進しているのだ。然(しか)り前進しているのだ。いかなる人種主義の波もわれわれを押しとどめることはできない。……ちょうど時が満ちた思想と同じように、軍隊の行進でさえもわれわれを停止させることはできない。われわれは自由の国へ向かって前進しているのだ。……

今日私はあなたがたに申し上げたい。たとい現下の状況がどんなに困難であっても、どんなに挫折に満ちていても、(われらの目ざす)その日は決して遠くないと。なぜなら大地に押しつぶされた真理は必ず立ち上がるからである。

どのくらい遠いのか(ハウ ロング)。決して遠くはない(ノット ロング)。なぜなら(ビコーズ)、嘘は永久に続くことはできないから。

どのくらい遠いのか。決して遠くはない。なぜなら、あなたが蒔(ま)いたものは、必ず刈り取れるのだから。……どのくらい遠いのか。決して遠くはない。なぜなら、道徳的宇宙の弧は長くても正義の方向に曲っているから。どのくらい遠いのか。決して遠くはない。なぜなら、私の目が主の来臨の栄光を見たのだから。主は収穫された怒りの葡萄を踏みつけていたもう。主は恐るべき素早き剣の閃光を解き放ちたもうた。主の真理は前進したもう。……ああ、わが魂よ、速やかに主に答えよ！　わが足よ、喜べ！　グローリー＝ハレルヤ！　グローリー＝ハレルヤ！

……主の真理は前進したもう。

このスピーチの最後の部分は、バプテスト教会讃美歌集に載っている讃美歌 "Mine Eyes Have Seen the Glory" の一節と三節の言葉である。これは人々が日ごろ慣れ親しんでいる歌である。キングはこの人口に膾炙している歌を引用して、その歌詞を見事にセルマ行進の意義に結びつけている。ここで聖（宗教）と俗（人権の闘い）とは、説教者キングの口を通してダイナミックに会合し、歴史を動かす力となったのである。

だが、この感動を味わった人々はこの夜重ねて深い悲しみに襲われた。デトロイトからこの日運動に参加していたヴァイオラ＝G＝リュッツォ夫人が、四名のKKK団に銃撃されて死んだからである。彼女は五児をかかえる白人の主婦であったが、集会終了後一度セルマまで行進参加者を車で送り届け、モンゴメリーに引き返す途中を襲撃された。リュッツォ夫人殺害の犯人のうち一人は、

FBIへの情報提供者であった。

一九六五年投票権法の成立　セルマの闘いは多くの血の犠牲を強いられた闘いであった。だが、一九六五年八月六日、ついにジョンソン大統領の署名によって、歴史的な投票権法(Voting Rights Act)が成立した。この新法は、従来黒人の選挙権登録を妨害するために用いられてきた人頭税(ポールタックス)、識字テスト(リテラシー)、その他一切の必要条件とされたものを廃止し、差別的行為の存在する郡には、連邦登録管理官を派遣する権限を、司法長官に付与するものであった。この新しい投票権法によって、南部黒人の剝奪(はくだつ)された選挙権は事実上全面的に回復され、アメリカ南部の政治はこの日を起点として根底から変わることとなったのである。

V 孤独への道

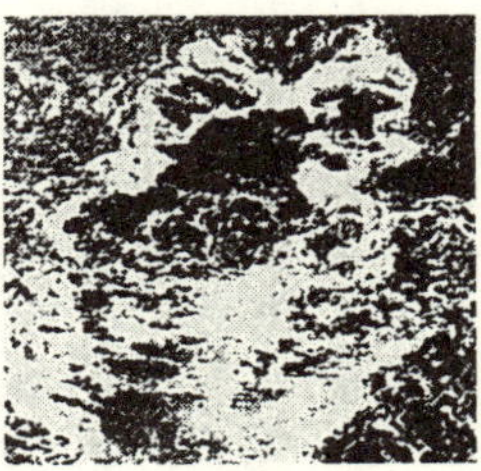

ベトナム反戦への道

改革者から革命家へ

投票権法の成立の結果、南部の選挙権登録の成果は次々に現れた。たとえば一九六六年四月のアラバマ州予備選挙においては、郡や州の公職選挙に五二人の黒人が立候補して二四人が決戦投票に残り、そのうち四人が当選している。そして白人候補の場合にも、たとえばダラス郡においては、人種隔離主義者のジム＝クラークを敗退させて、穏健なウィルソン＝ベイカーを当選させている。たしかにこれらは驚くべき成果であった。だがまもなくキングは、「一九六四年公民権法」も「一九六五年投票権法」も、貧しい黒人の日々の生活にはほとんど役立たないことに気づいていった。

問題は経済的貧困であった。しかもそれはアメリカ社会の構造の中から必然的に生み出されてくる問題であった。一九六五年後半に始まった北部都市シカゴにおける闘いを通して、キングは「劣悪な借家の問題にせよ、高価な食料品問題にせよ、あるいは仕事を得る機会の欠如にせよ、すべてはある人々がその存在自身において利益を貪（むさぼ）るがゆえに存在するのだ」という現実に、深く目ざめた。だがこの問題は南部においても全く共通していた。「ランチ－カウンターを統合するためには、この国は一ペニーの金も必要としなかった。むしろ実際には実業界を助けたことになる。また投票権を保障したり、公共施設へ接近させるためにも、国は一ペニーも支払う必要がなかった。しかし今やわれわれは、国家が何一〇億ドルという金を支出することによってのみ解決できる問題を取り扱っているのである」。

この認識の深化とそれに伴うキングの生の有り様を、ディヴィッド＝ガロウは「改革者から革命家へ」の道の変化として特徴づけている（David J.Garrow, "From Reformer to Revolutionary"）が、一九六六年から六八年に至る最晩年のキングは、人種主義（レイシズム）と貧困（ポヴァティ）と軍国主義（ミリタリズム）を相互に絡（から）み合った三つ組の巨悪との視点から、公民権運動を越えてベトナム反戦から「貧者の行進」（Poor People's Campaign）へと真一文字に突き進んでいった。その究極の目標は、「この国を正しく建て直すために、ひとたび転覆する」（turn this nation upside down in order to turn it right side up）ことであった。

これはたしかに革命家の精神である。だがこの革命は、いわゆる革命家が自己の奉じるイデオロギーのために「革命のための革命」を志すといった類のものでは決してなく、事柄の真のルーツに迫るという意味でのラディカリズムであった。キング自身はそれを、「物指向の社会から人間指向の社会への移行」を志す「ラディカルな価値観の革命」と規定した。そしてジェイムズ＝コーンはこのようなラディカルなキングを、「戦闘的非暴力主義革命家」と名づけている。

だがこのような革命家の精神は、ややもすれば同時代の精神からは理解されることがむずかしく、孤独の道を辿（たど）らざるをえないことが多い。だがもしその精神が事柄の真の根源（ラディクス）に迫るものであるならば、それは必ず広い普遍の道へと通じていくはずである。晩年のキングの生と思想はまさにそのようなものであった。一九六六年から一九六八年の死に至るまでの彼の生は、そのラディカリズムのゆえに、それまで彼を支援したり行動をともにした人々から批判され、離反され、ますます孤立化を深めていった生であった。しかしその孤立は真実探求のために招いた孤立であったがゆえに、彼の死後二〇数年たった今日から見るならば、その生と思想はきわめて広い普遍的価値を有するものである。今日あらゆる分野で地球的視野（グローバル・パースペクティブ）が求められている時、私たちは改めてキング思想の普遍的意義に目ざめるよう迫られているように思われる。

筆者は以下に、一九六六年以降のキングについて主として三つの視点から、その歩みと思想を辿（たど）ってみることにしたい。

第一はベトナム反戦への道である。

シカゴ自由運動

すでに前年から「シカゴ自由運動（フリーダム・ムーブメント）」を推進していたキングは、一九六六年一月下旬コレッタ夫人とともにシカゴのローンデイル－ゲットーの中心サウス－ハムリン街に、貸しアパートを借りて移り住んだ。彼はここに住み、実際にスラムに生きる黒人に接してみて、彼らを支配している無力感に同情を禁じることができなかった。

南部の問題が法的（ディージュアリ）人種隔離であったのに対して、北部都市の問題は実質的（ディーファクトウ）人種隔離であった。「シカゴ自由運動のプログラム」は、その点を以下のように述べている。

> 北部大都市の人種主義は、南部の場合のように、リンチ、投票権の否定、あるいは容易に除去可能なその他の明白な不正の形を取ってはいない。だがシカゴにおける人種主義は、いろいろな次元で目に見えるあからさまな現実である。……
>
> シカゴにおける黒人の従属状況は、南部の場合のように、長年にわたって確立された法律や慣習の結果ではない。むしろ、シカゴはこの一〇〇年間いかなる人種隔離法も差別的条例もなかったが、黒人の従属状況は、あたかもそのような法律があったかのような効果を生み出している。北部の人種隔離は、重要な経済的、社会的諸制度についての政策、殊にその意志決定の手続きに起因している。商社や役所の雇用政策、不動産業者の慣習、学校組織の運営等が、相互に黒人の分離と不平等を増幅し合っているのである。それらの相互作用から結果する人種隔離体制は、市民生活の中に余りにも強く根づいているので、この人種主義的形態は世代から世代へと継承されている（一九六六年七月）。

このシカゴにおいてキングは、七月一〇日、この日を「自由の日曜日（フリーダムサンデー）」と名づけて、ソールジャーズーフィールドに四五、〇〇〇人を集めて大衆行動を起こしたのをきっかけに、特に住宅問題に努力を集中して、毎週白人居住地区にデモをしかけた。これに対して怒った白人暴徒は煉瓦（れんが）を投げつけたり、卑猥（ひわい）な言葉を叫んだりして応酬した。一度などはキング自身も投げつけられた煉瓦を頭に受け、「私は南部全域にわたって何度もデモ行進をしてきたが、シカゴで出会ったような敵対的で憎悪に満ちた暴徒に会ったことは一度もない。ミシシッピーやアラバマでさえこのようなことはなかった」と述懐した。

キングはシカゴ運動に対する白人側の恐るべき反動に驚いたが、同時に保守的な黒人層からも彼が人種的緊張を作り出していると非難され、デモ行進を止めるように忠告されて、失望した。だがそうした中でジェッシー＝ジャクソン牧師の指導のもとで推進されていた「パンかご運動」(Operation Breadbasket)だけは注目すべき成果を収めることができた。この運動はSCLCが最初アトランタで試みて成功したもので、黒人が潜在的に持っている購買力――「緑（グリーン）の力（パワー）」――に訴えて、差別撤廃と黒人雇用の増大を図ったものである。この場合に絶大な力を発揮したのが、黒人牧師の黒人社会における影響力の大きさであった。すなわち、彼らが共同して差別を実施している商店主に交渉する際に、教会員に対して不買運動を呼びかけると示唆（しさ）するだけで、十分に効果を発揮することができたのである。こうしてシカゴではその年の暮までに、九〇〇の仕事が黒人たちに与えられた。

ベトナム戦争の激化と「ブラックーパワー」

行進の先頭にたつキング夫妻

だがこうした部分的成果にもかかわらず、キングは彼自身のシカゴでの運動を中止してアトランタに引き揚げた。黒人たちの間の冷淡(アパシー)さはますます増大していたし、NAACP（全国有色人向上協会）も支援の手を引っ込めていた。こうした状況のもとでは、白人支配体制に態度の改善を促すことは無理であった。それに加えて、ベトナム戦争は日ごとにエスカレートして、アメリカ政府は国内での貧困に対する戦いに必要な人力と財力を惜しげもなく費消していた。失意と苦悩の谷間に落ち込んだキングは、しかしいよいよベトナム反戦に対する自己の態度を、明白に固めていった。そしてその際キングの心に重くのしかかっていた問題は、昨日まで白人との協力と非暴力的直接行動を支持していた青年たちが、今日叫んでいる「ブラックーパワー」の叫びであった。

「ブラックーパワー」（Black Power）の叫びが初めて公に使用されたのは、メレディス行進の途中であった。一九六二年に黒人学生として独りミシシッピー大学に入学したジェイムズ＝メレディスは、白人学生から完全に疎外された孤独の道を歩んでいたが、一九六六年六月五日友人四人とともにテネシー州メンフィスからミシシッピー州ジャクソンまで二二〇マイルの道を、「恐怖に対決する行進」（March Against Fear）に出かけた。それは人種差別の最も激しかった故郷のミシシッピー州の進展の跡を試し、かつ自分自身の勇気に挑戦する孤独の行進であった。だが出発して二日目の六日ミシシッピー州ハーナンドーに近づいたところで、メレディスは狙撃された。幸い致命傷ではなかったが、彼は駆けつけた警官にミシシッピー州の病院ではなくて、メンフィスの病院に運んでくれるように依頼して、そこに入院した。キングを始め公民権運動指導者たちは、メレディスを見舞うとともに暴力によって行進を止めさせることはできないことを立証するために、行進を続けることを決定した。

六月八日、行進はメレディスが撃たれたところから再開され三週間続いた。行進者たちは夜はトラックで運ばれたテントの中で眠りながら、行く先々で黒人たちに選挙権登録を呼びかけていった。だが行進がグリーンウッドに到着した時に、新しくSNCC委員長となったストークリー＝カーマイケルは、市公園での大衆集会において初めて公式に「ブラック－パワー」の叫びを上げた。この時の様子をキングは彼の著作『黒人の進む道』（*Where Do We Go from Here : Chaos or Community ?*; Harper & Row, 1967）の中で、以下のように描写している。

その町に近づくと、古い友人や新しい友人たちが大挙してわれわれを歓迎してくれた。その晩市の公園で行われた大群衆を集めての大衆集会において、ストークリーは演壇に登り、ミシシッピーの正義を激しく攻撃して聴衆を沸かせた後で、「われわれが必要としているものはブラックパワーだ」と宣言した。するとSNCCの熱烈な演説家ウィリー＝リックスが演壇にかけ上がって叫んだ。「あなたがたは何が欲しいのだ」。群衆は咆哮した。「ブラックパワー」。リックスは何度も叫んだ。「あなたがたは何が欲しいのだ」。これに対して「ブラックパワー」の答えも、ますます大きくなって、ついに熱狂状態に達した。

このようにグリーンウッドは、公民権運動におけるブラックパワーのスローガン発祥の闘技場となったのである。この言葉自体はずっと以前に、リチャード＝ライトやその他の人々によって用いられたものであるが、公民権運動におけるスローガンとして用いられたのは、その夜が初めてである。余りにも長い間ホワイトパワーによって押しつぶされ、黒人は下等だと教え込まれてきた人々にとって、この言葉には即座に訴える魅力があったのである。

カーマイケルの激しい主張とキングの困惑

それまでにもキングは行進の途中でCORE（人種平等会議）とSNCCの若者の何人かが、「あの非暴力主義にはもうついていけない。もしミシシッピーのいまわしい白人どものだれかが手を出そうものなら、たたきのめしてやる」というのを聞いていたし、また公民権運動の聖歌ともいうべき「われらは勝たん」（ウィー シャル オウヴァーカム）を歌う時にも、ある若者たちは「黒人も白人もともに」(black and white together) という歌詞の節を歌うことを拒否し、後でキングにこの歌は「われらは踏みにじらん（ウィー　シャル　オウヴァーラン）」と変えるべきだと告げていた。

行進の最初の夜、指導者たちは激論を交した。そこにはCOREのフロイド＝マッキシック、SNCCのカーマイケル、NAACPのロイ＝ウィルキンズ、それからNUL（全国都市同盟）のホイットニー＝ヤング等がいた。キングはこれらの指導者たちの団結を何とか保とうと心を砕いた。だがその席で、ミシシッピー自由民主党（MFDP）の宣言が紹介され、その中にニグロ（Negro）という言葉の代わりにブラック（black）を用いるべきだという主張があり、年配のより保守的な指導者たちの反発を招いた。さらにカーマイケルは、「われわれの運動を侵害している白人リベラルどもは、もう必要ない」と言って、黒人だけの行進をあからさまに主張した。

黒人ラディカルたちの余りにも険悪な雰囲気に、ついにロイ＝ウィルキンズは、白人支持者を排除し、統合（インテグレイション）を拒否するような主張にはとても従うわけにはいかないと言って引き揚げ、ホイットニー＝ヤングも身を引いた。だがこのようなラディカルな主張にもかかわらず、若者たちはこの夜の話し合いでは、キングの説得力と、彼の支持を失うことへの恐れとから、行進を非暴力で白人をも加えて継続することに同意した。

だがこのような調整にもかかわらず、前述のように「ブラック＝パワー」の叫びは上げられたのである。キングは心底から困惑と失望を感じながら、「ブラック＝パワー」は希望なき、プログラムなきスローガンであり、殊にそれが用いられる文脈が暴力的で挑発的であると感じて反対した。彼はその代わりに「黒人（ブラック）の平等（イクオリティ）」はどうかと提案したが、若者たちの受け入れるところとはならなかった。彼は運動が決定的に分裂していきつつあるのを感じた。新聞はこの新しいスローガンを、黒人優越主義（ブラック・スプリマシー）として書きたてた。これはキングにとって、白人優越主義と同じように悪しき考えであった。ここで新しくブラックパワーの叫びに加わった者と、長らくSCLCのスローガンであった「今（ナウ）こそ自由（フリーダム）を」を叫ぶ者との間に激しい対立が起こり、ここでも結局キングへの尊敬心から、カーマイケルとマッキシックは、行進の終わりまで両方のスローガンを用いないことに同意した。

この後行進はフィラデルフィアとカントンで、白人暴徒と警官による赤裸々な暴力にさらされながら、トゥーガルーから州都ジャクソンまでの最後の行程を進んだ。この行進には元気を回復したメレディスも加わり、群衆の数は一五、〇〇〇人にも脹（ふく）れ上がった。またキングの二児ヨキとマーティも初めての行進に参加した。本来ならキングの心はこの上なく高揚するところであったが、彼の心は沈痛な思いに打ちひしがれていた。それはCOREとSNCCとMFDPの指導者たちが、NAACPとの分裂を理由に、ミシシッピーNAACP幹事で、殺されたメドガー＝エヴァーズの弟チャールス＝エヴァーズに挨拶させるのを、拒絶したからである。キングは運動がもはや修復しがたいまでに分裂していることを痛感した。それでも彼は「恐怖に対決する行進」を、「いつの日かここミシシッピー州においても、正義が万人の現実となるだろう」という希望的な言葉で、締めくくった。

ベトナム反戦の公然化

メレディス行進を契機に公民権運動の決定的内部分裂を痛感したキングは、しかし自分自身はそれまで奉持してきた非暴力主義哲学に最後まで徹することを、改めて心に誓った。そして彼はその意志表示を、ベトナム反戦の態度の公然化という形で表明していった。キングのベトナム戦争に対する反対の意志表示は、すでに一九六六年五月一六日のワシントンD・Cにおける戦争抗議集会や、翌六七年二月二五日のシカゴ-コリシアムでの講演において明らかにされていたが、それが最も公然たる形で提示されたのは、一九六七年四月四日のニューヨーク-リヴァーサイド教会における反戦講演「ベトナムを越えて」(Beyond Vietnam)においてであった。

だが、キングにとってベトナム反戦の態度を公然化することは、二重の意味で決定的に孤立化の危機を招くことを意味した。すなわち、第一に、それはそれまで公民権運動を支援してきたジョンソン政権と、それが代表する国家体制そのものと対決することを意味したし、第二に公民権運動内部に深刻な亀裂をもたらすことを意味した。しかし、キングは新たに見えてきた、二つの公民権法によっても癒すことのできない黒人たちの深刻な貧困の実態を考え、また昨日の非暴力主義的若者が今日「ブラック-パワー」を叫ばざるを得ない苦悶に思いを致した時に、アメリカの陥っている巨悪の根源に迫るためには、どうしても海外における国家暴力の発現にほかならない、ベトナム戦争に反対しなければならない、という衝迫に駆られた。

これはいわゆる政治的な直接的利害の視点を捨て去った、まさに良心の声に端的に耳を傾けようとする態度からのみ生まれる決断であった。キングはそのような自分の気持ちを、ある説教の中で次のように述べている。

私は自分のしようとすることを心に決めた。私はミシシッピーでも、ベトナムでもだれをも殺すまいと思う。また私はもう戦争のことを学ぼうとは思わない。さらに私は自分の語ることを、だれが嫌ってもかまわない。私は最善の事柄に固執するだけだ。ある立場に立つと、臆病心が「それで大丈夫か」と問う。便宜心が「それで政治的か」と問う。虚栄心は「人気はどうか」と問う。だが、良心の問う事柄は「それは正しいか」ということである。そしてイエス＝キリストの真の信従者は、安全でも政治的でもなく、また人気もない立場であって、ただただ正しいがゆえに、ある一つの立場を取らなければならない時がある。よく私たちは、「もし正しければ、神がその闘いをたたかってくださる」（If you are right, God will fight your battle.）と歌う。私はこの悪しき時代に最善の事柄に固執したいと思う」（一九六七年一一月五日、エベネザー＝バプテスト教会、「悪しき時代に最善の事柄に固執する」）。

ベトナム反戦と公民権運動の密接な関係

ところで反戦講演「ベトナムを越えて」において、キングはどのようなことを表明したのであろうか。

まずキングはこの集会の主催団体である「ベトナムに関わる教職と信徒の会」が、ベトナム戦争については沈黙を破る決断をしたことを評価するとともに、殊に戦争の時代に自分たちの政府の政策に反対することのむずかしさと、自分自身の胸中と周囲の人々の中にある順応主義的傾向に逆らって語ることのむずかしさ、また事柄の不確かさからくる誘惑に抗して語ることの困難さをも指摘した上で、それにもかかわらず語らなければならないことは、まさに苦悶の召命（a vocation of agony）である、と述べた上で、「私の職業は説教者であるから」(Since I am a preacher by trade) という前提に立って、ベトナム問題を道徳的視点から考えなければならない主な理由を、以下のように挙げている。

キングの指摘している第一の点は、ベトナム戦争と公民権運動との間に存在する密接な負の関係である。アメリカがかくも大量の兵員と技術と金をベトナムに投入しているかぎり、国内の貧困救済に必要な資金と精力を捻出することは決してできない。「それゆえ、私はますます戦争を貧しい人人の敵と見なさざるをえなくなり、そのようなものとして攻撃するようになった」。

第二点は、この戦争が貧しい人々に対する操作（マニピュレイション）にほかならないという点である。「われわれはテレビのスクリーンでは、黒人と白人の青年が一緒になって、自分たちを同じ学校で一緒に座らせることのできなかった国家のために、殺したり死んだりしている姿を、繰り返し見てきた。これは残酷な皮肉（アイロニー）である。またわれわれは、彼らが、貧しい村の小屋を焼くことで残忍な連帯を保っているのを見ている。だが彼らはシカゴでは、同じブロックに住むことはまずないのである」。

第三点は、キングが北部都市のゲットーでの、絶望的に拒絶された怒れる若者たちとの対話経験から、火炎びんと銃では問題は解決しない、むしろ非暴力的行動によってこそ意味ある社会変革が招来されるのではないか、と説いた時に、彼らから返された問い、「ではベトナムはどうか」を、真剣に考えさせられたことの指摘である。「彼らの問いは的を突いている。私はまず最初に、今日の世界における暴力の最大の調達者であるわが政府に、はっきりと物申すことをせずに、ゲットーにおける被抑圧者の暴力に反対することは決してできないであろうことが、分った」。

第四点は、一九五七年に結成されたＳＣＬＣ（南部キリスト教指導者会議）のモットーが「アメリカの魂を救うために」（To Save the Soul of America）であったことは、同会議のヴィジョンが単に黒人のために一定の権利獲得をめざすことにあったのではなく、アメリカが真にアメリカになることの貢献をも含んでいることをも、意味していた。「アメリカの誠実さ（インテグリティ）と命（ライフ）に何らかの関心を持っている人なら、だれでも現在の戦争を無視することができないことは、明々白々である」。

第五点は、キングが一九六四年一二月に受賞したノーベル平和賞の意義である。「私はノーベル平和賞は一つの委託（コミッション）、すなわち私が従来にも増して人間の兄弟愛のために、精力的に働くようにとの委託でもあったことを、忘れることができない。これは私をして国家的忠誠を越えしめる召命（コーリング）である」。

「敵の視点」からの問いかけに耳を傾ける

そして最後の点は、キングにとって最も根本的な事柄である、イエス＝キリストの宣教（ミニストリー）への献身（コミットメント）の意味である。「私にとって、この宣教が平和を作り出すことに対して持っている関係は、余りにも明白なので、私はしばしば、なぜ私が戦争に反対して語るのか、と問う人々がいることに驚嘆してしまう。いったい彼らは、福音はすべての人々のためのものであることを、知らないのであろうか。……彼らは、私の宣教は彼の敵を余りにも徹底して愛されたので、その敵のために死にたもうたお方に、従っているのだということを、忘れているのであろうか」。神の子であり、互いに兄弟であることへのわれわれの召命（コーリング）は、人種、国家、信条への召命を越え出ているのである。

私は、父なる神は特に、苦しんでいる助けなき、見捨てられた神の子たちに心を向けていたもうと信じているので、今晩彼らに代わって語ろうと思う。私は、それは単なるナショナリズムより広くかつ深い、そして国家が自己規定した目標や立場を越え出た忠誠心に義務を負うべきだと考えている、われわれすべての人間の特権であり、責任であると信じている。われわれ

アメリカはベトナムで何をしたのか……

は弱き者、声を発しえざる者、すなわちこの国の犠牲者たちと、この国が敵と呼んでいる人々に代わって、語るべく召し出されているのである。

次いでキングは、一九四五年の民主共和国宣言の冒頭に外ならぬアメリカ独立宣言の一節を引用したベトナムを敵にまわして、旧宗主国のフランスを助けたことから始まって、以来ずっと民衆の支持なき腐敗した独裁政権を支援してきた自国の歴史を指摘し、アメリカがベトナムでやってきたことと言えば、彼らの土地と穀物を破壊し、彼らが最も大切にしていた二つの制度——家族と村——を押しつぶしたこと、そして、この国唯一の非共産主義的革命勢力である統一仏教会を粉砕することへの協力であったと指弾している。ベトナムの民衆の目から見れば、われわれアメリカ人はまことに「奇妙な解放者(ストレンジ リバレイター)」だ、というわけである。

キングがこのスピーチを行ってから、すでに二〇数年の歳月が経過しているわけであるが、歴史の経過に照らしてキングが指摘している事柄を振り返ってみると、彼の洞察がいかに正しかったかに、私たちは改めて驚嘆を禁じざるをえない。また筆者が特に心を打たれるのは、キングが彼の非暴力哲学を徹底化して、ブラックパワーの信奉者たちへの共感（コムパッション）を、国家暴力の発動であるベトナム戦争に反対することによって表示しただけでなく、彼はその非暴力哲学を、さらに「敵の視点」（the enemy's point of view）からの問いかけに耳を傾ける努力にまで、おし進めていることである。

彼らの投げかけている問いは、恐ろしいまでに妥当性を持っている。われわれの国家は再び政治的神話を作り上げて、それを新しい暴力的権力で支えようとしているのではないか。共感（コムパッション）と非暴力（ノンヴァイオレンス）の真の意味と価値は、それが敵の視点を理解し、その問いかけに耳を傾け、敵がわれわれをどう評価しているかを知るように、われわれを助けてくれるところにある。われわれは敵の視点に立ってみて、初めて自分自身の状況の基本的弱点が見えてくるのであり、われわれがそうするだけの分別を持っているなら、われわれは敵と呼んでいる兄弟たちの知恵から学び、成長し、そして利益を得ることができるのである。

人類全体への忠誠が
最優先課題

このように説いた後、キングはアメリカの国家指導者に向かって、直ちにこの戦争を止めるように主導権を発揮して欲しい、そしてそのためには南北ベトナムの爆撃を停止して一方的停戦を宣言すること、また「一九五四年ジュネーヴ協定」に基づいて、ベトナムから全外国軍を撤退させる日程を提示すること、等を訴えている。

そしてさらに、このような言葉による提案と併せて、キングは抵抗者側の創造的努力の一つとして良心的兵役忌避（conscientious objection）の道を提案し、特にすべての徴兵年齢に達している牧師たちに対して、牧師に適用される免除措置を放棄して、兵役忌避者になるように勧めている。

最後に、キングは今やアメリカは国家としてラディカルな価値観の革命を経験しなければならないことを強調している。「われわれは『物指向の』社会から『人間指向の』社会への移行を、直ちに始めなければならない。機械やコンピューターが動機づけを形成し、財産権が人々よりも重要視されているかぎり、人種主義と極端な物質主義と軍国主義の巨大な三つ組（トリップレット）を克服することはできない」。そしてアメリカが病的にまで恐れている共産主義も、否定的反共主義によってではなく、この積極的な価値観の革命によってこそ、最善の形で防御することができるのである。

かつて近代世界の革命的精神の多くを作り出した西欧諸国が、今や主要な反革命勢力になりさがっていることは、悲しむべきことである。それゆえ、「今日われわれに残されている唯一の希望は、われわれが再びあの革命的精神を取り戻して、しばしば敵意を顕（あら）わにする世界に、貧困と人種主義と軍国主義に対するわれわれの永遠の敵意を宣言しつつ、踏み込んでいくことにあるのである」。

そしてこの革命的精神の真髄は、その普遍精神にある。今やどの民族も、自己の個別社会の最善のものを保持するためには、人類全体への忠誠を最優先課題としなければならないのである。これは万人に対する無条件の愛である。それはすべての偉大なる宗教が至高なる生命の統一原理と見なしてきたもので、聖書では「ヨハネの手紙」に以下のように要約されている。「愛する者たちよ。わたしたちは、互いに愛し合おうではないか。愛は、神から出たものなのである。すべて愛する者は、神から生まれた者であって、神を知っている。愛さない者は神を知らない。神は愛である。……もしわたしたちが互いに愛し合うなら、神はわたしたちのうちにいまし、神の愛がわたしたちのうちに全うされるのである」（ヨハネの第一の手紙四・七—一二）。

こうしてキングは、今日の人類が直面している非暴力的共存か暴力的共滅か（nonviolent co-existence or violent co-annihilation）の二者択一的選択の前に立って、以上のような人類愛が実現する新しい世界に向けて、聴衆が再献身するよう勧めて、このスピーチを閉じている。

貧者の行進に向かって

道徳的義務を果たしえた喜びと絶望の疲労

この反戦講演を終えた時、キングの心は一つの大事な道徳的義務を果たすことができた喜びに満たされていた。そのことについてD＝ガロウは、その道徳的義務とは、その年の一月一四日、キングが同僚のバーナード＝リーとともにジャマイカに行くために空港で飛行機を待つ間に食事をしたが、その時キングは雑誌「ランパーツ」に載ったベトナム戦争の写真を見て、一瞬食事を取るのを止めてしまった事件であると指摘している。それは米軍によって殺された嬰児(えいじ)の死体を抱いているベトナム婦人の写真であった。「当時を振り返りながらリーは説明した。『彼が決心したのはあの時だった。もちろんマーティンはそれ以前にも、その戦争のことは知っていたし、それに反対して語ってもいた。だが彼が決定的にそれに反対する決意を固めたのは、その時だった』」。その日以来キングは、その決意を公に宣言する道徳的責任を感じていた、というのである。

だがキングのこの内心の喜びとは別に、反戦講演に対する一般の反応は非常に厳しいものであった。長年の友人であるフィリップ＝ランドルフとベイヤード＝ラスティンはコメントを差し控えたし、ロイ＝ウィルキンズとホイットニー＝ヤングはキングとの関係を断絶した。各新聞も次々と攻撃の弾幕を張った。たとえば「ワシントン-ポスト」は、「キングは本来の仲間たちに深刻な打撃を与えたし、……何よりも自分自身により深刻な打撃を与えた。敬意を払いながら彼の言葉に耳を傾けてきた多くの人々は、二度と彼に対して同じ信頼感を寄せることはないであろう」と述べたし、「ニューヨーク-タイムズ」は公民権運動と平和運動の結合の誤りを指摘し、キングは「無謀にもアメリカの軍事的方法をナチのそれにたとえている」と言って非難した。FBIとホワイト-ハウスの反応がさらに否定的だったことは言うまでもない。大統領補佐官ジョン＝P＝ローチェはジョンソン大統領に、途方もない野心を抱きながら非常に愚かなキングは、ついに共産主義者に屈してしまった、と報告した。彼はさらに、キングが欲しているのは喝采（かっさい）してくれる群衆と、今の生活レベルを維持する金である、とまで申し立てた。

このような非難とは逆に、キングのベトナム反戦講演を支持する声ももちろんいくつかはあった。たとえば「クリスチャン-センチュリー」誌は、キングの講演を「雄弁となまの事実、焼きつくすような告発と優しい求愛、政治的聡明さとキリスト教的洞察力、非情なまでの現実主義と無限の憐み――それらの壮大なる融合」と呼んで称（たた）えた。だがそれにもかかわらず、キングを取り巻く周囲の状況は、四月一〇日のNAACP理事会による、公民権運動と平和運動を融合しようとするいかなる試みも「深刻な戦術的誤り」であるとする公式決定を始め、次第に厳しさを増し加えていき、ガロウによれば、ついに「絶望の疲労」とも言うべき状態に彼を追い込んでいった。

さらにこの時期のキングは、絶えざる明らさまな死の脅迫のほかに、ＦＢＩによる監視・盗聴にもさらされていた。この点については、ガロウの『ＦＢＩとマーティン＝ルーサー＝キング』（D.J. Garrow, *FBI and Martin Luther King, Jr.*, Penguin, 1981）に詳しく叙述されているが、同書によれば、そうした外的要因から来る極度の緊張に、さらに彼自身の鋭い自己批判の内的痛苦が加わって、キングは「深刻な慢性的精神的苦悶」に陥ったということである。そしてガロウは側近者の記憶として、次のようなキングの姿を伝えている。「彼はより多く煙草を吸い、より多く酒を飲むようになった。睡眠と、一人でいられる感覚、およびそれに伴う休息とは、特に困難になった。彼をよく知っているほとんどすべての者が、キングが夜明け近くまで起きていて話し、議論し、飲んでいて、話し相手から離れられないように思われたことを、はっきりと覚えている」。また私たちは同書によって、ＳＣＬＣ本部の会計係ジェイムズ＝Ａ＝ハリソンがＦＢＩから買収されて、キングの晩年を通じて彼およびＳＣＬＣの情報を、同捜査局に通報していた事実を知らされ、驚かざるをえない。

全力を振り絞って「貧者の行進」へ

さて、以上のような孤立化の谷間に投げ込まれたキングは、しかし今や残された全力を振り絞って目を首都ワシントンＤ・Ｃに向けた。一九六八年四月二二日開始を目ざした「貧者の行進」（Poor People's Campaign）を実行するためである。それは「何かが絶望的に間違っている」国家に向かって、「改めよ、正道に戻れ」(straighten up, and fly right)と言うためである。全国からあらゆる人種、信条、文化の貧者代表三、〇〇〇人が集結して開始するはずの「貧者の行進」は、ちょうどリヴァーサイド教会における反戦講演が、キングの非暴力哲学の徹底化の結実であったように、まさに彼の統合(インテグレイション)の哲学の極限化の姿であった。それは既存の体制への被抑圧者の「統合」ではなくて、貧しい被抑圧者が主体的に切り開いていく、新しい未来的統合のヴィジョンであった。

ここで以下に、一九六八年一月にSCLCスタッフ宛(あて)に出された「ワシントンD・C貧者の行進――目的の声明」によって、行進の目ざした事柄を紹介することにしよう。

まず「声明」は、われわれアメリカ黒人は過去一〇年間にわたる政治的・社会的平等を求める闘いを通して、心理的・霊的に刷新され、洗練された目を持つようになったと指摘し、その結果、「われわれは今や自分自身を、経済的指向の権力構造に捕えられた力なき貧者として、認識することができるに至った。われわれは一定の譲渡すべからざる権利を賦与(ふよ)されてはいるが、その権利を表現する手段を奪われている人間なのである」と述べることから始まっている。

次いで「声明」は行進の目的を以下のように述べている。

南部キリスト教指導者会議は、全国の貧者と権利を奪われた人々の波状攻撃を、この春ワシントンD・Cに向かってかけ、合衆国政府に彼らの苦情を除去せしめ、少なくとも彼らすべてのために必要な仕事ないし収入を確保せしめるよう要求するつもりである。わがスタッフは今や、主要なる都市と農村地域に力を集中して、貧者をワシントンに出向くよう組織化を進めている。それは単に一回限りの劇的イベントを演じるのではなく、もし必要ならば首都の機能を混乱に陥れて、すべてのアメリカ市民に仕事と収入を提供するための何らかの積極的手段が取られるまで、貧者たちの絶えざる重荷の状況を示し続けることを、目的としている。

次に「声明」は、貧者の行進を「なぜワシントンで実行するか」について、この国の政策が決定され、改革する力が存在するのは、まさに首都ワシントンにおいてであり、現政府の政策優先順位が、戦争に七〇〇億ドルも費やしていながら、「反貧困」対策にはわずか二〇億ドルしか支出しない現実に、明示されているからであるとしている。

そして「なぜ仕事と収入を要求するのか」の問いを掲げて、「声明」は以下のように述べている。

アメリカは平均的家族が二台の自動車と毛皮のコートを所有している、目くるめくばかりの豊かな社会である。にもかかわらず、何百万というアメリカ人――黒人、白人、メキシカン、プエルトリカン、インディアン――は、毎晩飢えの痛みを抱えながら床に着いている。……われわれが仕事を要求するのは、この要求こそが貧者の生活のほとんどすべての側面に、根本的で幅広い潜在的影響力を持っているからである。われわれは単にゲットーでの生活に、何ほどかの追加的ドルやセントを期待しているのではない。われわれが求めるのは、われわれ自身の家を持ち、仕事と教育を管理する能力なのである。……われわれはアメリカ社会の構造に関して、投票権やレストランで食べることのできる権利は、重要ではあるが、この国の「動力工場」にはその力を浸透しておらず、したがって生活条件に実際何の影響も与えてはいないことを、洞察している。われわれが学んだことは、アメリカにおける実りある生活には金が必要だということである。なぜならこの社会は、金なき者にはいかなる流動性も創造性も、また力も提供してはくれないからである。

貧者とは一次元的人間のことである。すなわち、自己の性格と能力に最も適した仕事を選ぶことのできない人間、また自己の家族を養う喜びを感じることのできない人間のことである。それゆえわれわれは、すべてのアメリカ人が人間にとって自然な二次元的生活を享受できるようにするために、ワシントンに出向いて仕事と収入を要求するのである。

アメリカよ、悔い改めよ

そして「声明」は、引き続き、「なぜ大衆的デモ行動か」の問いを設定して、自分たちはバーミングハムやセルマの困難な苦い経験から、政府が基本的人権に関わる問題で態度を変えるのは、直接的で劇的な事態に直面して初めてそうすることを知っているからである、と指摘しながら以下のように述べている。

経済的収奪に起因する怒りと挫折感が、ゲットー生活の強力な要素であることを考えると、厳格な南部社会の構造のもとでこそ機能した非暴力的戦術の機械的適用は、誤りである。抗議運動を都市に適したレベルに高め、かつそれに攻撃的でありつつ非暴力的質を付与するためには、この時点で大衆的で精力的な抗議戦術が必要である。都市を破壊することなく、しかもその機能を混乱ないし遅滞させることは、たしかに暴動よりも効果的である。それは被抑圧者のエネルギーを建設的かつ創造的に用いる方法である。実際、アメリカの貧者は怒っているし、また怒るべきである。彼らの怒りは、彼らが現在の状況を変え、現在の拘束から解き放たれたいと願っていることを、明示しているのだから。

この願望に応(こた)えようとするわれわれのワシントン行動は、大衆的非暴力的抗議と教育に焦点を当てている。そして現在、今日のアメリカ社会の性質と、いかにして非暴力的抗議がそれを効果的に変革できるかを、説明する研修会があらゆる集中地域で展開されている。だが、デモ行動参加者を教育し、彼らを指導することは、単なる第一段階にしかすぎない。なぜなら、真に教育の必要性があるのはこの国と世界全体なのだから。

そして最後に「声明」は、次の言葉を大文字で提示することによって結びの言葉としている。

われわれがワシントンに行こうとしているのは、われわれの中の余りにも多くの者が長い間ただ静かに苦しんできたからである。今気持ちの上でだけわれわれに同情しようとする者は、われわれの苦しみを容認しようとする者である。もしわれわれがデモ行動の間に政府の禁止命令を破るような場合には、われわれはいかなる懲罰にも喜んで服するであろう。なぜなら、われわれはすでに日ごとに、自分が決して犯したわけではない罪のゆえに罰せられているからである。われわれは自分が苦しみ、それゆえに政府に行動を起こさせようとしている挫折感に、光を当てようとしているのである。

こうした訴えに応じて三月一五日に、アメリカン―インディアン、プエルトリカン、プア―ホワイト、メキシカン―アメリカン、黒人、等々のマイノリティ集団の代表者会議がアトランタで開かれ、SCLCの企画している「貧者の行進」に全面的に賛成し、かつ参加する意志表示を六〇数名の署名とともに公表した。

ところで以上のように「貧者の行進」はその目的も明確にされ、開始日も四月二二日と設定され、さらに運営委員会も形成されて計画が進み始めたが、その推進にはいろいろな障害が伴っていた。

たとえば、ボランティアの数がなかなか思うように集まらないこととか、財政的な窮迫状態、さらにはキングの足下のSCLCスタッフ内部にくすぶり続けていた、戦略目標の不明瞭さへの疑問等等である。ジェイムズ＝ビーヴェルやジェッシー＝ジャクソンは、もしワシントンで明白な勝利が収められなければ、SCLCは信頼を失うことになるが、その場合にいかにしてワシントンを撤退するのか、と終始問いかけていた。「貧者の行進」はキングにとって決して何らか成算のある企てなどであったのではなく、アメリカ社会の根本悪を直視しつつ、「アメリカよ、悔い改めよ」と全身全霊を込めて訴えるところに、その真意図があった。だからそれは現実に対する深い絶望感と表裏をなした、希望への跳躍の企てであった。

飛び降りてはいけない

前述のD＝J＝ガロウの指摘によれば、キングのこの時期の説教には、彼の内心の最深の感情を吐露した言葉が繰り返されているということであるが、筆者も全く同感である。たとえば、そのような言葉の一つに自殺に対する戒めがある。

さらに私は、われわれの先祖が飛び降りなかったことを喜んでいる。それは全くの真夜中であった。彼らは来る日も来る日も、煮えくり返るような暑さと、監督の生皮の鞭と、綿花畑の長い畝のほかには、何も待ち望むものがなかった。しかし彼らはその真夜中の経験を生き抜いて、アメリカのために最も美しい音楽を残したのである。どうかその音楽を聞いていただきたい。

私は彼らが飛び降りなかったことを喜ぶ。もし彼らが飛び降りたとしたら、私はだれかが、「ゆっくり走れ、私を故郷に迎える凱旋車よ」(Swing low, sweet chariot, comming for to carry me home.)と歌うのを、聞くことができなかったであろう。私は彼らが飛び降りなかったことを喜ぶ。もし彼らが飛び降りたとしたら、私は恐らくだれかが、「まもなく、まもなく、私はこの重荷を降ろすことになる」(Bye and bye, bye and bye, I'm going to lay down my heavy load.)と歌うのを、決して聞くことができなかったであろう。もし彼らが飛び降りたとしたら、私はだれかが、「ギレアデには香油があって、傷ついた者を癒してくれる。時々私は意気阻喪して、私の業はむだではないかと考える。だがその時、聖霊が私の魂を生き返らせてくれる」(There is a balm in Gilead to make the wounded whole. Sometimes I feel discouraged and think my work's in vain. But then the Holy Spirit revives my soul again.)と歌うのを、聞くことができなかったであろう。

飛び降りてはいけない。生き続けて歌を作ろう。朝は必ずやってくるのだ。あなたがたに繰り返し与えられるメッセージは、とにかくやり続けよう、ということである。「にもかかわらず」の質(in-spite-of quality)を育てよう(一九六八年三月二四日、ニューヨーク市ケイナン-バプテスト教会、「真夜中に戸をたたく」)。

「飛び降りてはいけない」と言ってキングは聴衆に向かって戒めているのであるが、実際には彼は自分自身に向かって語りかけているのである。しかも彼は「飛び降りる必要のない」根拠を、奴隷制時代に黒人の先祖たちが作り出した黒人(ニグロ)霊歌(スピリチュアル)に求めている。これらの霊歌は黒人教会において常に歌われているものである。ここに私たちはキングの思想が最後に収斂(しゅうれん)していった方向を、明確に見てとることができるように思われる。

「民の中へ」

それは「民の中へ」(into the people)の方向である。キングの公生涯の出発点は、黒人の中ではまさにエリート中のエリートとも言うべきボストン大学出の「キング博士」として、言わば「民の指導者」であった。だが牧師就任一年にして巻き込まれたモンゴメリー‐バス‐ボイコット運動から、一〇数年にわたる公民権運動を通して、彼の生き方は「民とともに」(with the people)の方向へと深化していった。そして今や、早すぎる生涯の終着点を前にして、彼の生き方は孤独と絶望の影を深くただよわせながら、ひたすら「民の中へ」と身を沈めていったのである。私たちはその極点をテネシー州メンフィスにおける彼の最後の闘いに、見出すことができる。

メンフィスの黒人衛生労働者の先頭に　三月二八日、キングはメンフィスの黒人衛生労働者たちのデモ行進の先頭に立った。メンフィスにおける黒人衛生労働者に対する人種差別は過酷で、たとえば一月三一日は雨天のため帰宅を命じられたが、同じ取り扱いを受けた白人労働者には全日分の賃金が支払われたにもかかわらず、黒人労働者には二時間分の賃金しか支払われなかった。そこで黒人労働組合はストライキを打って、新しく市長に選ばれたヘンリー＝ローブに一連の要求を突きつけたが、それらの要求は無視されてしまった。そのためキングの長年の知己であるジェイムズ＝ローソンと組合の指導者たちは、全面罷業に入ることを決め、キングにデモ行進の指揮を申し入れたのである。キングはそれを断ることは、ワシントン計画を無意味にすることだと考え、その申入れを引き受けた。

だが、このデモ行進は出発後まもなく、「わたしも人間だ（アイ アム エ マン）」と書かれたプラカードを掲げた労働者たちの中に混じっていた、「侵入者（インヴェイダー）」と呼ばれていた戦闘的なブラック＝パワーの若者たちが、戦列をはずれて暴力に走ったために混乱に陥ってしまった。キングは直ちにローソンに命じてデモを解散させ、彼自身も同僚たちの忠告に従って避難した。この混乱で一六歳になる黒人青年が警官に射殺され、六〇人が警棒で殴打されて負傷し、二八〇人が逮捕された。しかしそれでもなお商店の略奪と放火が続き、ついにテネシー州知事は四、〇〇〇人の州兵を投入して暴動を鎮圧した。

キングは強い衝撃を受けて絶望感に陥った。このデモの失敗は、彼と同僚たちの責任ではなかったが、キングは恰も自分の責任のように感じた。彼は三月三〇日にアトランタに帰ってSCLCのスタッフ会議に出席した時にも、その挫折感を克服できないでいた。そんな気持ちのキングにとって、スタッフたちのメンフィスに戻るべきか、そうせずにワシントンに直行すべきかといった議論や、相変わらずのワシントン行進の戦略目標とか成果をめぐっての議論は、嫌悪感を催すもの以外の何ものでもなかった。

キングは感情を抑えきれずに席を立って、会議を中座した。キングの気持ちを感じとったアバナシーは、「組織の長が悩んでいる時には、スタッフは言い争いを止めて団結すべきだと思うが」と、同席者に話しかけた。この一言にはっとしたスタッフたちは、改めて団結の意志を確認し、メンフィスを通ってワシントンに行くことを決心した。彼らはメンフィスでの第二回目のデモ行進を四月八日に設定した。これに対して市当局はデモ行進の禁止命令を、裁判所から引き出した。キングはこの禁止命令の撤回を望んだが、いずれにせよ事態に関わりなく行進を指揮する意志を公表した。「非暴力主義はメンフィスで試されている」——これがキングの突きつめた決意であった。

自分はこの時代に生かされて仕合せ

四月三日の夜は激しい雨の後、龍巻が警告されていた。その夜アバナシーはキングを宿泊先のローレイン-モーテルに残して、メイソニック-テンプルの集会に出かけた。ペンテコスタル派の「神の教会」(Church of God in Christ)に属するこの大会堂に集まった聴衆は、キングを伴わないアバナシーを見て失望の色を隠さなかった。そこでアバナシーは急遽キングに電話して呼びよせた。

壇上に登ったキングは、まず仮に自分が時間の初めに立って人間の歴史全体を眺めることができ、全能者から「マーティン＝ルーサー＝キングよ、お前はいったいどの時代に生きたいか」と聞かれたとしたら、どう答えるだろうかという問題を提起して、その場合には自分は、「もし主が二〇世紀の後半数年を私が生きることをお許し下さるなら、私は仕合せです」と答えるだろう、と述べることから話し始めた。このような答えは一見奇妙に思われるかも知れない。なぜなら、「国は病に陥り、この地には悩みがあり、どこを見ても混乱が満ちている」からである。たしかにこれは奇妙な答えである。

だが、われわれが星の輝きを見ることができるのは、暗夜においてこそである。またわれわれはこの時代においてこそ、人類が多年にわたって語ることはしてきたが、真に生き残るために取り組むことをしてこなかった戦争と平和の問題に、取り組まざるをえないようにさせられているのである。「今やこの世界の問題は、暴力か非暴力かの選択ではなく、非暴力（ノンヴァイオレンス）か非存在（ノンイグジステンス）かの選択である。さらに今は人権革命の時代である。それゆえ、自分はこの時代に神が生かしめたもうて下さったことを仕合せと思っている。今自分がメンフィスに来ることを許されたことは、仕合せである」。

それからキングはデモ行進の決行のことに触れ、たとい裁判官から禁止命令が出されているとしても、それは憲法修正第一条の基本的権利に抵触するものであるから、それは撤回させねばならない、「われわれはいかなる禁止命令によっても、回れ右をさせられることはない」と強調し、さらに黒人の集団的結束力による差別企業に対する不買運動を呼びかけている。

私は「約束の地」を見た

そして、キングは聴衆の中に貧しき人々のために身を挺して闘っている何人かの牧師たちがいることを評価し、「私はこのような適切な宣教活動に接することを、いつも喜んでいる」と述べ、次いで「良きサマリア人」の譬え話（ルカによる福音書一〇章二五節—三七節——著者注）を引用しながら、次のように解説を加えている。すなわち、彼はこの譬え話において、強盗に襲われた人の向こう側を通り過ぎていった祭司とレビ人の心を占めていたものは、恐れではなかったかと想像し、以下のように述べている。

　そこは危険な道であった。イエスの時代にそこは「血の道」として知られていた。だから祭司とレビ人は地面に倒れている人を見て、強盗がまだその辺にいるのかも知れないと考えた可能性は十分にある。あるいはまた、倒れている人自身が、彼らを摑まえて襲いやすいように、ただ襲われたふりをしているのかも知れない。そこでレビ人の心に浮かんだ最初の問いは、「もし私がこの人を助けるために立ちどまったとしたら、私に何が起こるだろうか」(If I stop to help this man, what will happen to me?）ということであった。だが良きサマリア人がそこを通りかかった時、彼はその問いを逆転した。「もし私がこの人を助けるために立ちどまらなかったとすれば、彼に何が起こるだろうか」（If I do not stop to help this man, what will happen to him?）と。

今晩、あなたがたの前に置かれている問いはそれである。それは、「もし私がこの衛生労働者たちを助けるために立ちどまったとしたら、私が牧師として自分のオフィスで毎日毎週費やす時間はどうなるだろうか」という問いではなくて、つまり「もし私がこの困っている人を助けるために立ちどまったとしたら、私に何が起こるだろうか」ではなくて、「もし私がこの衛生労働者たちを助けるために立ちどまらなかったとすれば、彼らに何が起こるだろうか」という問いである。それが問いである。

だから今晩心して立ち上がろう。一大決心をもって立ち上がろう。

このように語った上で、キングはそれまでの自己の闘いの歴史を回顧して、一〇年前にニューヨークで胸を刺された時に「くしゃみをしなかった」ために生かされて、いろいろな歴史前進の出来事に出会えたことを感謝しながら、この地上最後のスピーチを次のように締めくくった。

こうして私はメンフィスにやってきた。ある人々は脅迫のことを話し始めていた。それはまき散らされていた脅迫のことである。わが病める白人兄弟たちによって、いったい私に何が起ころうとしているのであろうか。

今私に何が起ころうとしているのかは、私には分らない。ともかくわれわれの前途は多難である。だがそれはもはや私には問題ではない。なぜなら、私は山の頂に登ってきたのだから。私は何も心配していない。他の人と同じように、私も長生きはしたい。長生きにはそれなりの意味がある。しかしそのことも私は今気にしていない。私はただ神のみ心を行いたいだけである。神は私が山に登るのをお許しになった。私は周囲を望み見た。そして私は約束の地を見た。私はあなたがたとともに、そこには行けないかも知れない。だが今晩私はあなたがたに知って欲しい。それはわれわれは一つの民として約束の地に至るということである。だから私は今晩仕合せである。私は何も心配していない。またたれをも恐れてはいない。私の目が主の来臨の栄光を見たのだから（Mine eyes have seen the glory of the coming of the Lord.)。

その夜キングは集会を終えてから、ベンジャミン＝ファクスの家で遅い食事をすませ、ローレイン－モーテルに帰った。そこには弟のA＝D＝キングと数人の友人たちがルイヴィルから到着していた。彼は彼らと夜明けまで話し込んでから床に着いた。そして翌日の昼近くまでぐっすりと眠った。

キング撃たれる

四月四日、木曜日、キングは宿舎のローレイン＝モーテルで終日同僚たちと語り合いながら、翌週月曜日のデモ行進許可の知らせを待っていた。やがて夕方になって裁判所に出向いていたアンドルー＝ヤングと弁護士のチョーンシー＝エスクリッジから、ブラウン判事から行進の許可が出た旨の報告を聞き、キングは喜んだ。時刻は午後六時になろうとしていた。キングとアバナシーは、招かれていたビリー＝カイルスの家でのソウル＝フッドの夕食に出かけるために二階の部屋に戻って、支度をした。

カイルスはドアをノックして彼らを急がせた。キングが先にバルコニーに現れた。アバナシーはまだ部屋の中にいた。下ではヤング、エスクリッジ、ビーヴェル、ジャクソン、ウィリアムズたちが待っていた。ジャクソンが上を見上げながら、その夜の集会の音楽指揮者を務めることになっていたベン＝ブランチをキングに紹介した。キングは彼に愛唱歌の「尊き主よ、わが手を取りたまえ」(Take My Hand, Precious Lord) を演奏してくれるように頼んだ。その時運転手のソロモン＝ジョーンズが、外は寒いから外套を着ていった方がよいと、口を挟んだ。「オー・ケイ」とキングは答えた。そしてカイルスが階段を降り始めた。その時中庭を通してドサッという音が響いた。カイルスが振り向くと、もうすでにキングの体はバルコニーの上に横たわっていた。

告別式でのキングの家族

　アバナシーは部屋から飛び出してきて、キングの上にしゃがみ込んだ。キングの右顎（あご）に傷口がぱっくりと開いていて、血が吹き出していた。彼はキングの左頬（ほお）をたたきながら、「マーティン、マーティン、聞こえるか。ラルフだ」と叫んだ。キングはその声が聞こえるかのように、口を無益に動かそうとしているように見えた。だが、その一時間後の午後七時五分、ついに非暴力と愛の哲学をその極限まで生きたマーティン＝ルーサー＝キングは、セントージョゼフ病院において三九歳の生涯を終えた。

　キング暗殺の報が伝わるや、全国一〇〇以上の都市で暴動が勃発（ぼっぱつ）した。

　四月七日、ジョンソン大統領はこの日を国民服喪（ナショナルモーニング）の日として布告し、全国で半旗が掲げられ、追悼（ついとう）礼拝がささげられた。アトランタのエベネザー教会では、M＝L＝キングが棕櫚の主日（パームサンディ）説教をすることになっていた説教壇に弟のA＝D＝キングが立ち、聖歌隊のソロイストが心をこめて、ゴスペル讃美歌「尊き主よ、わが手を取りたまえ」を歌った。

　四月八日、メンフィスでコレッタ＝スコット＝キング夫人と年上の三人の子供が、数千人の追悼行進の先頭に立った。

四月九日、何万という人々に取り囲まれたエベネザー教会において、ラルフ＝アバナシー牧師の司式で告別式が執り行われ、生前キングが自分の死を意識して語った言葉がテープを通して流され、参列者の涙を誘った。

私が最後の日を迎える時、もしあなたがたのだれかがそこに居合わすとしたら、私は長い葬儀を望んでいないことを覚えていて欲しい。もしだれかに弔辞(ちょうじ)を頼むとしたら、どうか余り長くしゃべらないようにしていただきたい。……

その日に私がだれかに言って欲しいことは、マーティン＝ルーサー＝キングは自分の命を捨てて他者に仕えようとしたということ、だれかを愛そうと努めたということ、ただそれだけである。

そうだ。もし私が目立(ドラム)ちたがりや(メイジャー)だったと言うなら、平和のための目立ちたがりやだった、義のための目立ちたがりやだったと言って欲しい。他の薄っぺらなすべてのことは、問題ではない。私はいかなる金も後に残そうとは思わない。また私は日常生活の立派な贅沢(ぜいたく)品をも残そうとは思わない。ただ私はささげつくした(コミッテッド)人生(ライフ)だけを後に残していきたい。

私が言いたいことはそれだけだ。……

もし私が通りすがりに、だれかを助けられたとしたら、またまだれかを歌か言葉で励ませたとしたら、さらにだれかにあなたの人生は間違っているよ、と忠告できたとしたら、私が生きたことは無駄ではなかったであろう。……

四月一一日、住宅の売買や賃貸における人種差別を禁じた「一九六八年公民権法」が、議会を通過した。

二か月後、逃亡犯のジェイムズ＝アール＝レイが、ロンドンのヒースロウ空港でキング暗殺の容疑で逮捕された。だが彼は裁判において第一級殺人罪を自ら申し出、九九年の懲役刑を宣告された。しかし、ジェイムズ＝レイについては彼を単独犯と断定するには余りにも不審な状況証拠が多く、たとえば『キング暗殺の陰謀』（一九八〇）の著者マイケル＝ニュートンなどは、レイがキング暗殺前一年以上も脱獄囚であったこと、また暗殺後四二日間にわたってカナダとヨーロッパを旅行して、とても自分では稼げないような大金を費消している点等を指摘して、背後のより大きな陰謀計画の存在を示唆している。ジョン＝F＝ケネディーの暗殺と同じように、M＝L＝キン

非暴力的社会変革のためのM＝L＝キング-センター構内にあるキングの墓碑

グ暗殺事件の真相もこの時代には隠されたままに終わるのであろうか。

あとがき

一九八八年の夏、筆者はアトランタの「非暴力的社会変革のためのM＝L＝キング－センター」でいろいろな資料を漁っているうちに、ある一つの資料に目を奪われた。それは「貧者の行進のための全国教会協議会渉外事務局」発行の、M＝L＝キング記念銘板除幕式の式文抜粋であった。司式者はキングの後を襲って南部キリスト教指導者会議議長となったラルフ＝ディヴィッド＝アバナシー牧師、日付は一九六八年五月二日、そして場所はテネシー州メンフィス、マルベリー通りのロレイン－モーテルであった。式文の内容にも心を打たれたが、筆者が特に心を引きつけられたのは銘板に引用された聖書の言葉であった。それは父イスラエルの年寄り子として特別に可愛がられたヨセフを妬む、兄弟たちの次のような言葉であった。「彼らは互いに言った、『あの夢見る者がやって来る。さあ、彼を殺して穴に投げ入れ、彼の夢がどうなるか見よう』」（創世記三七・一九―二〇）。

創世紀の物語では、ヨセフは結局殺されることは免がれ、兄弟たちの手によってイシマエルびとの隊商に売られ、エジプトに連れて行かれたことになっている。だが、この除幕式に立ち合った人人にとって、キングの死の出来事を物語る言葉としてこの聖句が最も適切に思われたのであろう。

アメリカの、そして人類の「愛の共同体」(Beloved Community)を夢見たキングを「あの夢見る者」ヨセフに、そしてキングを殺したアメリカ人を一一人のヨセフの兄弟たちになぞらえた彼らの想像力の豊かさに、筆者は強く心を刺された。

一九六八年四月二九日から七月一九日まで実施されたワシントンD・Cでの「貧者の行進」＝「復活の町」(Resurrection City)は、J＝F＝ケネディーおよびキングなき後の残された唯一の希望の星ロバート＝ケネディーをも失って、いわば挫折感の中に幕を閉じた。それは政治的ブラックーラディカリズムが急進化と凋落(ちょうらく)の道を辿(たど)った一九七〇年代と、黒人解放運動にとっては致命打以外の何ものでもなかった保守化の一九八〇年代への序曲を暗示していた。

いったいキングがこの世を去って以来二〇年以上経過した今日、アメリカにおける黒人民衆の解放はどれほど進んだであろうか。そのことについてジェイムズ＝コーンは『マーティンとマルコム、そしてアメリカ――夢か悪夢か』(*Martin & Malcolm & America : A Dream or a Nightmare*, Maryknoll, New York, 1991)において次のように述べている。

人種主義はアメリカ社会のあらゆる部分で今なお強力に生きている。彼らの時代と今日における人種主義の主要な違いは、その精巧さと狡猾(こうかつ)な現れ方にある。……わずかに一握りの中産階級の黒人だけがアメリカの夢を経験しているにすぎない。それはこの国の特権的教育機関における学生と教師、いくつかの主要都市の市長たち、市や州や連邦の行政官、および弁護士、殊に多国籍企業の弁護士等である。また少数のアフリカ系アメリカ人牧師も、選挙で選ばれた七、〇〇〇人以上の黒人政治家の大多数と同じように裕福な生活を営んでいる。ヴァージニアでは一人の黒人がこの国の最初のアフリカ系アメリカ人州知事としての務めを果たしている。……だが、これらのあらゆる表面上の体裁とは裏腹に、マルコムが「社会的堆積の最底辺で、極度にみじめな状態で」生活していると記述した黒人下層階級の生活の質は、ほとんど変わっていない。彼らこそはこの国の「真に不利な立場に貶められた」人々である。失業ないし半失業の状態で、彼らの子供たちは嬰児を養っているが、その孫たちも親たちと同じ貧困のサイクルの中に閉じ込められるであろう未来に直面しているのである。黒人の嬰児たちの五〇パーセントは貧困の中に生まれ落ちているのだ！　いったい彼らにとってアメリカの夢はどこにあるのだろうか。

貧困、ホームレス、麻薬、教育の荒廃、エイズ、殺人、等々――今アメリカの社会は、ペルシア湾岸からの帰還兵を迎える「史上最大」の紙吹雪パレード（ニューヨーク、一九九一年六月一〇日）の喧噪の狭間から、悪夢のうなされ声を噴出させている。こうした状況の中で私たちは改めてＭ＝Ｌ＝キングの真のヴィジョンに目を開かせられるのである。それはアメリカの現状の生活様式と価値観に黒人民衆を「統合」することではなく、すべての貧しい人々がともに人間的生活を享受することができるような、社会全体の「根源的変革」(radical restructuring)によってのみもたらされる「愛の共同体」の創造であった。

キングは生前すでに夢が悪夢に変わるのを見ていた。だが、その絶望的現実にもかかわらず、彼はなお未来に対する夢を捨てなかった。それは彼があの奴隷制時代の先祖たちの生きざまから学んだ「信仰における夢」であった。彼は暗殺される一〇日前にニューヨークのハーレムの教会で行った説教の中で次のように語っている。「朝は必ずやってくる。あなたがたにくり返し与えられるメッセージは、とにかくやり続けようということだ。『にもかかわらず』の質を育てよう。われわれに残されたものは余りなく、しかも粉々に砕けた小片にすぎないにしても、やり続けよう」。

この「にもかかわらず」の質に裏づけられた夢こそ、単なるアメリカの夢を越えた、世紀末に向かう人類の夢にも通じるものではないであろうか。

終わりに本書の上梓(じょうし)にあたり、筆の進まない筆者をくり返し励ましていただいた清水書院の清水幸雄氏と編集部の徳永隆氏、吉川禎夫氏に心から感謝の言葉を申し上げたい。

マーティン＝L＝キング年譜

西暦	年齢	年譜	参考事項
一九二九		1・15、父マーティン＝ルーサー＝キング一世と母アルバータ＝クリスティン＝ウィリアムズ＝キングの長男として、ジョージア州アトランタに生まれる。	世界大恐慌起こる（～三三）
三五	6	ディヴィット-T-ハワード小学校、アトランタ大学附属実験学校、ブッカー-T-ワシントン高等学校に学ぶ。卒業を待たずしてモアハウス-カレッジ入学試験	一九三九、第二次世界大戦（～四五）。
四四	15	に合格。	
四七	18	説教者の免許を取得し、エベネザー-バプテスト教会牧師の父の助手となる。	一九四六、インドシナ戦争（～五四）。
四八	19	2・25、バプテスト教会牧師に任職される。 6月、社会学にてB・A（学士）の資格を取得し、モアハウス-カレッジを卒業。 9月、ペンシルヴァニア州チェスター所在のクローザー神学校に入学。A＝J＝マストおよびモーディケイ＝W＝ジョンソンのマハトマ＝ガンディーの生涯	1月、ガンディー暗殺される。 5月、イスラエル共和国成立。 6月、ベルリン封鎖。

		と教えに関する講演を聞き、ガンディーについて真剣に学び始める。	
一九五一	22	6月、神学士（B・D）の資格を取得してクローザー神学校を卒業。 9月、ボストン大学神学部大学院へ進学。	9月、サンフランシスコ対日講和条約・日米安保条約調印。
五三	24	6・18、コレッタ＝スコットとアラバマ州マリオンにて結婚式を挙げる。	1月、アイゼンハワー大統領に就任。
五四	25	5・17、連邦最高裁、レオン＝オリヴァー＝ブラウン対カンザス州トペカ市教育委員会の裁判で、全員一致で公立学校における人種隔離は憲法違反であるとの判決を下す。 10・31、父キング＝シニアの司式で、アラバマ州モンゴメリーのデクスター-アヴェニュー-バプテスト教会第20代牧師に就任。	3月、ビキニ水爆実験被災。 5月、ディエンビエンフー陥落。 7月、ジュネーブ休戦協定。（インドシナ戦争終結、ベトナム南北に分割）。
五五	26	6月、ボストン大学より組織神学にてPh・D（博士）を取得。 11・17、長女ヨランダ＝ディナイズ生まれる。 12・1、42歳になるモンゴメリーの裁縫師ローザ＝パークス夫人、バスの座席を白人乗客に譲ることを拒絶して逮捕される。	4月、アジア・アフリカ会議（バンドン、29か国参加）。 5月、ワルシャワ条約調印。

		12・5、モンゴメリー市のバス・ボイコット運動始まる。キング、モンゴメリー改良協会長に推挙される。 12・10、モンゴメリーのバス会社、黒人居住区の運転を中止。	
一九五六	27	1・26、キング、モンゴメリー市の25マイル速度制限区域を30マイルで走ったかどで逮捕される。 1・30、キング宅のポーチに爆弾が投げ込まれる。 2・1、モンゴメリー改良協会、同市における交通機関の人種隔離は違憲であるとの訴えを、連邦地方裁判所に対して起こす。 2・21、キング、他の人々とともに、バス営業を「正当かつ合法的理由」なく、妨害するための共謀をしたかどで告訴される。 6・4、連邦地方裁判所、市バス路線における人種隔離を違憲とする裁定を下す。 6・27、キング、サンフランシスコにおけるNAACP（全国有色人向上協会）年次総会にゲスト・スピーカーとして招かれる。 8・10、シカゴにおける米国民主党綱領委員会において講演。	2月、スターリン批判。 3月、パキスタン・イスラム共和国成立。 4月、コミンフォルム解散。 7月、エジプト、スエズ運河国有化宣言。

一九五七

28

10・30、モンゴメリーのゲイル市長、市法務局に対して、ボイコット運動のカー-プール-システムおよび輸送システムを停止させるための法的措置の検討を指示。

11・13、連邦最高裁、バスにおける人種隔離を規定しているアラバマ州法およびモンゴメリー市条例を違憲とする連邦地方裁の判決を確認。

12・20、バス隔離に対する連邦最高裁の禁止命令書がモンゴメリー市、バス会社、およびアラバマ州に届く。

12・21、モンゴメリー市のバス統合なる。

1・27、キング宅ポーチで不発弾発見される。

2・14、南部キリスト教指導者会議（SCLC）がルイジアナ州ニューオーリンズにおいて正式に結成され、キング、議長に選出される。

5・17、最高裁の隔離教育違憲判決三周年を記念して、ワシントンD・Cのリンカーン記念堂前で開催された「自由への祈りの巡礼」示威集会において、「われらに投票権を与えよ」と題して講演。

6・13、副大統領リチャード＝ニクソンと会談。

10月、スエズ戦争（～五七）。

10月、日ソ共同宣言（ソ連と国交回復）。

12月、日本、国連に加盟。

3月、ガーナ独立（大統領エンクルマ）。

3月、欧州経済共同体（EEC）、欧州原子力共同体（EURATOM）設立条約調印。

		9・2、テネシー州イーグルのハイランダー‐スクールの二五周年記念に際し、労働日セミナー講演を行う。 9月、アイゼンハワー大統領、アーカンソー州リットルロックのセントラル‐ハイスクールに入学登録した九人の黒人生徒を護衛するために、アーカンソー州兵を連邦軍に編入。 9・9、南部再建以来初めての公民権法が議会を通過、公民権委員会および司法省に公民権部が創設される。 10・23、長男マーティン＝ルーサー＝キング三世誕生。	9月、ソ連、ミサイル発射実験に成功。 10月、ソ連、人工衛星スプートニク1号打ち上げに成功。
一九五八	29	2・8、ニューヨークにおけるアメリカ‐ユダヤ人会議の立法部会にゲスト‐スピーカーとして招かれる。 6・23、ロイ＝ウィルキンズ、A＝フィリップ＝ランドルフおよびレスター＝グレンジャーとともに、アイゼンハワー大統領と会談。 9・17、著書『自由への大いなる歩み―モンゴメリー物語』がハーパー‐アンド‐ロウ社より出版される。 9・20、ニューヨーク市ハーレムのデパートで新著に署名中、精神錯乱状態の黒人女性によって胸を刺される。重体を伝えられたが危機を脱する。	1月、欧州経済共同体（EEC）発足。 1月、米、エクスプローラー1号打ち上げに成功。 1月、中国、人民公社開始。 2月、アラブ連合共和国成立。 3月、ソ連、フルシチョフ第一書記、首相兼任。 10月、フランス、第五共和制の発足。
五九	30	1月、デトロイトで、自動車労働組合連合議長ウォル	1月、キューバ革命政府成立。

		ター＝リューサーと会談。 2・2〜3・10、キング夫妻、インド首相ネルーの招きで渡印、ガンディーの非暴力運動論について現地で直接学ぶ。 11・29、翌年一月第四日曜日をもってデクスター教会牧師を辞任したい旨を教会に申し出る。	3月、チベット暴動。 11月、欧州自由貿易連合（EFTA）設立条約調印。
一九六〇	31	1月末、家族とともにアトランタに移住、父とともにエベネザー＝バプテスト教会の共同牧師となる。 2・1、ノースカロライナ州グリーンズボロにおいて、四人の黒人学生により、人種隔離撤廃を目的とする最初のランチ＝カウンター＝シット＝インが行われる。 4・15、ノースカロライナ州ローリーのショー大学において、学生非暴力調整委員会（SNCC）が暫定的に創設される（恒久組織としては10月に発足）。 6・24、大統領候補ジョン＝F＝ケネディーと人種問題について会談。 10・19〜27、アトランタにおけるシット＝イン運動において不法侵入のかどで逮捕される。まもなくシット＝イン参加者はキングを除いて全員釈放される。キングは交通違反事件の執行猶予違反のかどで拘留を継	1月、日米新安保条約調印（6月発効）。 4月、韓国大統領李承晩退陣。 5月、EFTA正式発足。 11月、ケネディー、米国大統

		続される。ディケイターのデカルブ刑務所に転送、次いでライズヴィルの州刑務所に再転送のうえ、保釈される。	領に当選。 この年、アフリカ諸国相次いで独立。
一九六一	32	1・30、第三子デクスター＝スコット誕生。 5・4、フリーダム-ライダーズの最初のグループ、州際バスの人種統合をめざしてグレイハウンド-バスでワシントンD・Cを出発。バスは5月14日、アラバマ州アニストン市外で焼き打ちされる。さらに暴徒はバーミングハムに到着した別のライダーズにも暴行を加える。また継続したライダーズはミシシッピー州ジャクソンにおいて逮捕され、40日から60日間拘留。 12・25、W＝G＝アンダーソン牧師の要請に応えて、オルバニーに出向く。	1月、米国・キューバ国交断絶。 4月、ソ連、人工衛星ボストーク1号打上げに成功。 7月、韓国で朴正熙、軍事政権樹立。 8月、東独、東西ベルリンの境界封鎖、空中回廊危機。
六二	33	2・27、公判に付され、オルバニーにおけるデモを指導したかどで有罪判決。 6・27、オルバニー市役所における徹夜祈禱会において逮捕され、警察官に対する命令不服従、路線妨害、無秩序行為等のかどで投獄。 9・20、ジェイムズ＝メレディス、ミシシッピー大学	第二ヴァティカン公会議（〜六五）。 7月、アルジェリア独立。

		に黒人学生として初めて入学登録を試みる。実際には、最高裁命令によって入学登録を行い、10月1日連邦執行官によって護衛されてオックスフォード学舎に入学。 10・16、ジョン＝F＝ケネディー大統領とホワイト-ハウスで会談。	10月、キューバ危機。 10月、中印国境で両軍武力衝突。
一九六三	34	3・28、第四子バーニス＝アルバタイン誕生。 4月、バーミングハムにおいて食事施設の人種隔離に抗議するシット-インが行われる。 4・12、キング、デモ中に逮捕。 4・16、獄中で「バーミングハムの獄中からの手紙」を執筆。 5・3～5、バーミングハム警察部長ユージン（「ブル」）＝コナー、デモ行進中の抗議者（若者や子供たち）に警察犬と消火放水の使用を命令。 5・20、連邦最高裁、バーミングハム市の人種隔離条例を違憲と裁定。 6・11、ジョージ＝ウォーレス知事、アラバマ州立大学に対する裁判所の統合命令を拒否、黒人学生および司法省係官の入構を差し止めようとする。ケネデ	2月、アフリカ統一機構（OAU）結成。

ィー大統領、州兵の連邦軍編入措置を命令。

6・12、ミシシッピー州ジャクソンNAACP指導者メドガー＝エヴァーズ、夜明け前の暗闇の中、自宅前でライフル弾で殺される。

8・28、最初の大規模に統合された抗議運動であるワシントン大行進催される。キング、リンカーン記念堂の階段で「わたしは夢を持つ」スピーチを行う。

9月、著書『汝の敵を愛せよ』、ハーパー・アンド・ロウ社より出版される。

9・15、アラバマ州バーミングハムの第16番通りバプテスト教会において四人の少女爆殺される。

11・22、ケネディー大統領、テキサス州ダラスにおいて暗殺される。

（世界の出来事）8月、米英ソ、部分的核実験禁止条約調印。

11月、米国、ジョンソン大統領就任。

一九六四　35

1・3、「タイム」誌、一九六三年度の「年の人」としてキングを指名、掲載。

夏、連合組織会議（COFO）、黒人・白人学生による選挙権登録運動を進めるためのミシシッピー夏期計画を開始。

6・21、三人の公民活動家―ジェイムズ＝チェイニー（黒人）、アンドルー＝グッドマン（白人）、マイケル＝シュワーナー（白人）――、ミシシッピー州フィラデルフィアに向かった直後に行方不明となる。

5月～6月、フロリダ州セント-オーガスティンにおいて、公共施設統合のためのデモに参加し、投獄される。

6月、著書『黒人はなぜ待てないか』、ハーパー-アンド-ロウ社より出版される。

7・2、ホワイト-ハウスでジョンソン大統領による、一九六四年公民権法の一部である公共施設法案の署名に立ち会う。

7・18～23、ハーレムに暴動起こる。

8・4、行方不明となっていた三人の公民権活動家の死体が連邦捜査局（ＦＢＩ）によって、ミシシッピー州フィラデルフィア近郊で発見される。ネショバ郡保安官レイニーおよび保安官代理プライスが殺人の嫌疑をかけられる。

8月、ニュージャージー州、イリノイ州、ペンシルヴァニア州において暴動起こる。

9・18、ヴァティカン教皇庁でパウロ六世に謁見。

9月、ラルフ＝アバナシーとともに、ブラント市長の

10月、中国、原爆実験成功。

10月、東海道新幹線開通。

10月、東京オリンピック開催。

10月、ソ連、フルシチョフ首

一九六五	36	招きで西独を訪問。 12・10、ノルウェー・オスローでノーベル平和賞を受賞。 2・18、アラバマ州マリオンで黒人青年ジミー＝ジャクソン、州警察に銃撃され死亡。 2・21、元ブラック＝マスリムの指導者でアフロ-アメリカン統一組織のリーダー、マルコムX、ニューヨーク市で暗殺される。 3・7、SCLCのホゼア＝ウィリアムズによって指導されたデモ行進（SNCCおよびSCLCによって構成）、アラバマ州セルマよりモンゴメリーまでの計画行進の際、エドマンド-ペッタス-ブリッジを渡ろうとして、アル＝リンゴーによって指揮された州警察およびジム＝クラーク指揮下の保安官代理たちによって殴打される（「血の日曜日」事件）。 3・9、ユニテリアン教会牧師ジェイムズ＝リーブ、セルマのKKK四人の手で殴打され、二日後に死亡。 3・15、ジョンソン大統領、議会の両院合同会議で演説、二日後に国会提出予定の投票権法案を説明して、最後に公民権法運動のスローガンである「ウィーーシ	相解任。 2月、米軍、北ベトナム爆撃開始。

「ャル-オウヴァカム」の言葉を使用。

3・16、黒人および白人からなるデモ行進者モンゴメリーにおいて、保安官代理および騎馬警官によって殴打される。

3・21、三千人のデモ行進、連邦軍に護衛されてモンゴメリーに向けてセルマを出発。

3・25、セルマからのデモ行進、合計二万五千人にふくれ上がってモンゴメリーの州議事堂前に到着。キングの演説を聞く。

同日夕、デトロイトのヴァイオラ＝リュッツォ夫人、行進者をセルマに搬送の帰途狙撃され死亡。

7月、シカゴを訪問、SCLCはアル＝レイビーによって指導されたコミュニティ組織調整会議（CCCO）と協力、シカゴ計画に参加。

8・6、一九六五年投票権法、ジョンソン大統領によって署名、成立。

8・11～16、ロサンゼルスの黒人居住区ワッツにおいて暴動が起こり、三五人の死者を出す。そのうち二八人が黒人。

4月、EEC・EURATOM・ECSC統合条約調印。

6月、日韓基本条約調印。

9月、シュヴァイツァー没す。

10月、ティリッヒ没す。

国連、ローデシア独立を不承認。

11月、ローデシア、一方的に独立宣言。

12月、ローマ-カトリック教会とギリシア正教会、相互破門を取り消す。

一九六六

37

1月下旬、シカゴの黒人居住区にアパートを借りる。

2・23、シカゴにおいてブラック-マスリムの指導者エライジャ＝ムハマッドと会う。

3・25、連邦最高裁、いかなる（選挙人名簿にかかわる）人頭税も違憲であると裁定。

4月、アラバマ州の予備選挙において、南部再建以来初めて多数の黒人が投票する。

5・16、ベトナム戦争に抗議するワシントン大集会においてキングの反戦声明書が読まれる。キング、「ベトナムに関わる教職と信徒の会」共同議長就任に同意する。

6・6、ジェイムズ＝メレディス、テネシー州メンフィスからミシシッピー州ジャクソンに向かって、二二〇マイルの「恐怖に対決する行進」に出発直後に狙撃される。

6月、ストークリー＝カーマイケルとウィリー＝リックス(SNCC)、ミシシッピー州グリーンウッドにおいて、初めて公式に「ブラック-パワー」のスローガンを用いる。

7・10、キング、シカゴを居住問題に関する「公開の町」にする運動を開始。


4月、ブルンナー没す。

7月、フランス、NATOの軍事機構から脱退。

年	年齢		
一九六七	38	8・5、シカゴのサウス-ウェストサイドのゲイジ-パークにおいて、デモ行進を指揮中、怒れる白人群衆から煉瓦を投げつけられる。 1月、ジャマイカ滞在中に、著作『黒人の進む道』を執筆。 3・12、アラバマ州、全公立学校の人種隔離撤廃を命じられる。 3・25、シカゴ-コリシアムでの講演において、政府のベトナム政策を攻撃する。 4・4、ニューヨークのリヴァーサイド教会で、ベトナム反戦講演「ベトナムを越えて」を行う。 6・6、司法省から黒人有権者の50％以上が、ミシシッピー、ジョージア、アラバマ、ルイジアナ、サウスカロライナ各州で登録したと発表される。 7・12〜17、ニュージャージー州ニューアークの暴動で二三人が死亡し、七二五人が負傷する。 7・23〜30、デトロイト暴動において、四三人が死亡し、三二四人が負傷、今世紀最悪の状況を記録。 7・26、キング、A＝フィリップ＝ランドルフ、ロイ＝ウィルキンズ、ホイットニー＝ヤングとともに、暴	8月、中国、プロレタリア文化大革命、北京に紅衛兵。 3月、インドネシア、スカルノ大統領失脚。 6月、第三次中東戦争。 7月、EC（欧州共同体）発足。

一九六八	39	動に終止符を打つべきであることを訴える。 11・27、黒人・白人両者の貧しい人々の問題を提示することを目的として、「貧者の行進」計画をSCLCが推進することを発表。 2・12、テネシー州メンフィスにおいて、衛生労働者ストに突入。 3・28、スト中の衛生労働者を支援して、メンフィスのダウンタウンを先頭にたってデモ行進。まもなく混乱状態が起こり、黒人の若者、店舗から略奪を行う。一六歳の若者一人が殺され、六〇人が負傷する。 4・3、「わたしは山頂に登ってきた」と題する最後のスピーチをメンフィスのメイソニック－テンプルで行う。 4・4、キング、メンフィスのローレイン－モーテルの二階バルコニーに立って会話中に狙撃される。一時間後、セント－ジョーゼフ病院で死亡。後に犯人としてジェイムズ＝アール＝レイが逮捕され、殺人罪で九九年の懲役刑を宣告される。 4・8、コレッタ＝スコット夫人、三人の子供とともにメンフィスで追悼行進の先頭に立つ。	2月、南ベトナム解放戦線大攻勢。

		4・9、エベネザー＝バプテスト教会でラルフ＝アバナシーの司式により告別式が行われる。 4・11、住宅の売買・賃貸における人種差別を禁じる一九六八年公民権法、議会を通過。	5月、ベトナム和平パリ会談。 5月、フランス、学生デモで5月危機。 6月、米国、上院議員ロバート＝ケネディー暗殺される。 7月、核拡散防止条約調印。 8月、ソ連、東欧5か国軍、チェコ侵攻。 10月、米軍、北爆停止。

参考文献

●キングの著作の訳書

『自由への大いなる歩み』　雪山慶正訳（岩波新書）――岩波書店　一九五九
『汝の敵を愛せよ』　蓮見博昭訳――新教出版社　一九六五
『黒人はなぜ待てないか』　中島和子・古川博巳訳――みすず書房　一九六六
『黒人の進む道』　猿谷要訳――サイマル出版会　一九六八
『良心のトランペット』　中島和子訳――みすず書房　一九六八

●日本語による主な文献

『マーティン・ルーサー・キング』　リローン・ベネット著、中村妙子訳――新教出版社　一九六六
『マーチン・ルーサー・キングの生涯』　ウィリアム・R・ミラー著、高橋正訳（角川文庫）――角川書店　一九七一
『アメリカ黒人の歴史』　本田創造著（岩波新書）――岩波書店　一九六四
『アメリカ黒人の歴史』　新版　本田創造著（岩波新書）――岩波書店　一九九一
『キリスト教国アメリカ』　古屋安雄著――新教出版社　一九六七
『アメリカ黒人解放史』　猿谷要著――サイマル出版会　一九六八
『アメリカ黒人の歴史――奴隷から自由へ』　ジョン・ホープ・フランクリン著
井出・木内・猿谷・中川訳――研究社出版　一九七八

『原典アメリカ史』第六巻　アメリカ学会訳編　――　岩波書店　一九八一
『黒人文化と黒人イエス』　末吉高明著　――　日本基督教団出版局　一九八六
『約束の地をめざして――M・L・キングと公民権運動』　梶原寿著　――　新教出版社　一九八九
『黒人の政治参加と第三世紀アメリカの出発』　中島和子著　――　中央大学出版部　一九八九

●英語による主な文献

James M. Washington, ed., *A Testament of Hope : The Essential Writings of Martin Luther King, Jr.*, Harper & Row, 1986.
David J.Garrow, *Bearing the Cross : Martin Luther King, Jr. and the Southern Christian Leadership Conference*, William Morrow, 1986.
Taylor Branch, *Parting the Waters : America in the King Years 1954-63*, Simon and Schuster, 1988.
James H. Cone, *Martin & Malcolm & America : A Dream or a Nightmare*, Orbis Books, Maryknoll, New York, 1991.

さくいん

【人名】

【書　名】

【事　項】

マーティン＝L＝キング■人と思想104　　定価はカバーに表示

1991年11月25日　第1刷発行©
2016年2月25日　新装版第1刷発行©

・著　者 ……………………………… 梶原　寿
・発行者 ……………………………… 渡部　哲治
・印刷所 ……………………………… 広研印刷株式会社
・発行所 ……………………………… 株式会社　清水書院

〒102-0072　東京都千代田区飯田橋3-11-6
Tel・03(5213)7151～7
振替口座・00130-3-5283
http://www.shimizushoin.co.jp

検印省略
落丁本・乱丁本は
おとりかえします。

Century Books

Printed in Japan
ISBN978-4-389-42104-5

CenturyBooks

清水書院の〝センチュリーブックス〟発刊のことば

近年の科学技術の発達は、まことに目覚ましいものがあります。月世界への旅行も、近い将来のこととして、夢ではなくなりました。しかし、一方、人間性は疎外され、文化も、商品化されようとしていることも、否定できません。

いま、人間性の回復をはかり、先人の遺した偉大な文化を継承して、高貴な精神の城を守り、明日への創造に資することは、今世紀に生きる私たちの、重大な責務であると信じます。

私たちがここに、「センチュリーブックス」を刊行いたしますのは、人間形成期にある学生・生徒の諸君、職場にある若い世代に精神の糧を提供し、この責任の一端を果たしたいためであります。

ここに読者諸氏の豊かな人間性を讃えつつご愛読を願います。

一九六七年

SHIMIZU SHOIN